Geometria Plana
Caderno de Atividades
9º ano

Editora Policarpo

Coleção Vestibulares

Matemática nos Vestibulares – vol. 2, 3, e 5
História nos Vestibulares – vol. 2, 3 e 4
Geografia nos Vestibulares – vol. 1

Coleção Exercícios de Matemática

Volume 1: Revisão de 1º Grau
Volume 2: Funções e Logaritmos
Volume 3: Progressões Aritméticas e Geométricas
Volume 4: Análise Combinatória e Probabilidades
Volume 5: Matrizes, Determinantes e Sistemas Lineares
Volume 6: Geometria Plana

Caderno de Atividades

Números Complexos
Polinômios e Equações Algébricas
Trigonometria – vol. 1 e 2
Geometria Espacial – vol. 1, 2 e 3
Geometria Analítica – vol. 1 e 2

Ensino Fundamental

Matemática – 6º ano – vol. 1 e 2
Matemática – 7º ano – vol. 1 e 2
Álgebra – 8º ano – vol. 1 e 2
Álgebra – 9º ano – vol. 1 e 2
Geometria Plana – 8º ano
Geometria Plana – 9º ano
Desenho Geométrico – 8º ano
Desenho Geométrico – 9º ano

Digitação, Diagramação e Desenhos: Sueli Cardoso dos Santos - email: suly.santos@gmail.com
site: www.editorapolicarpo.com - contato@editorapolicarpo.com.br

Dados Internacionais de Catalogação, na Publicação (CIP)
(Câmara Brasileira do Livro, SP, Brasil)

Oliveira, Carlos Nely C. de.

Geometria plana: caderno de atividades: 9º ano/

Carlos Nely C. de Oliveira. - - 6. ed. -- São Paulo:

Editora Policarpo, 2015.

Bibliografia

ISBN: 978-85-87592-27-9

1. Geometria 2. Problemas, exercícios, etc.
3. Matemática (Ensino fundamental) I. Título.

09. 10136   CDD-372.7

Índices para catálogo sistemático:
1. Matemática: Ensino fundamental 372.7

Todos os direitos reservados à:
EDITORA POLICARPO LTDA
Rua Dr. Rafael de Barros, 175 - Conj. 01- São Paulo - SP - CEP: 04003-041
Tel./Fax: (011) 3288-0895
Tel.: (011) 3284-8916

Índice

I *Teoremas de Tales e Bissetrizes* *1*
   A) Teorema de Tales 1
   B) Teorema da Bissetriz Interna 1
   C) Teorema da Bissetriz Externa 2
      Exercícios Resolvidos 3
      Exercícios Propostos 7

II *Semelhança de Triângulos* *14*
   A) Definição 14
   B) Teorema Fundamental 14
   C) Critérios de Semelhança 15
   C1 – Ângulo - Ângulo 15
   C2 – Lado - Ângulo - Lado 15
   C3 – Lado - Lado - Lado 15
      Exercícios Resolvidos 16
      Exercícios Propostos 19

III *Relações Métricas no Triângulo Retângulo* *30*
   A) Dedução das Relações Métricas 30
   B) Teorema de Pitágoras 31
   C) Aplicações do Teorema de Pitágoras 31
   C1 – Diagonal de Quadrado 31
   C2 – Altura de Triângulo Equilátero 31
      Exercícios Resolvidos 31
      Exercícios Propostos 34

IV *Relações Métricas no Círculo* *42*
   A) Duas Cordas 42
   B) Duas Secantes 42
   C) Uma Tangente e uma Secante 42
      Exercícios Resolvidos 43
      Exercícios Propostos 44

V *Trigonometria no Triângulo Retângulo* *45*
   A) Definições 45
   B) Valores Notáveis 45
      Exercícios Resolvidos 45
      Exercícios Propostos 47

VI *Áreas de Regiões Poligonais* *51*
   A) Área de um Retângulo 51
   B) Área de um Quadrado 51
   C) Área de um Paralelogramo 51
   D) Área de um Triângulo 51
   E) Área de um Trapézio 52
   F) Área de um Quadrilátero de Diagonais Perpendiculares 52
   G) Área de um Losango 53
   H) Figuras Equivalentes 53
   I) Triângulos Equivalentes 53
      Exercícios Resolvidos 54

   Exercícios Propostos 57

VII *Relações Métricas num Triângulo qualquer* **68**
 A) Lado Oposto a um Ângulo Agudo 68
 B) Lado Oposto a um Ângulo Obtuso 68
 C) Lei dos Cossenos 69
 D) Natureza de um Triângulo 69
 E) Lei dos Senos 69
 F) Fórmula de Herão 70
 H) Circunferências do Triângulo 70
  Exercícios Resolvidos 71
  Exercícios Propostos 74

VIII *Polígonos Regulares* **80**
 A) Definições 80
 B) Teorema 80
 C) Elementos Notáveis 80
 D) Cálculo do Lado e Apótema dos Principais Polígonos Regulares 80
 D1 – Revisão 80
 D2 – Lado e Apótema do Quadrado 81
 D3 – Lado e Apótema do Hexágono Regular 81
 D4 – Lado e Apótema do Triângulo Eqüilátero 81
 E) Área de um Polígono Regular 81
  Exercícios Resolvidos 82
  Exercícios Propostos 85

IX *Comprimento da Circunferência e Área do Círculo* **89**
 A) Propriedade 89
 B) O Comprimento da Circunferência 89
 C) A Área do Círculo 89
 D) Área da Coroa Circular 90
 E) Área do Setor Circular 90
 F) Área do Segmento Circular 90
  Exercícios Resolvidos 91
  Exercícios Propostos 94

Respostas *107*

■ TEOREMAS DE TALES E BISSETRIZES

A) Divisão de um segmento em uma razão.

Definição 1: dizemos que o ponto **M** divide internamente o segmento $\overline{AB}$ na razão **k** quando **M** está entre **A** e **B** e

$$\frac{MA}{MB} = k$$

A•————————•————————•B
           M

Definição 2: dizemos que o ponto **N** divide externamente o segmento $\overline{AB}$ na razão **k** quando **A** está entre **N** e **B** e

$$\frac{NA}{NB} = k$$

N•————————•————————————————•B
           A

Exemplo: A•———4 cm———•———————8 cm———————•B
                         M

M divide $\overline{AB}$ na razão $\dfrac{MA}{MB} = \dfrac{4\,cm}{8\,cm} = \dfrac{1}{2}$

M divide $\overline{BA}$ na razão $\dfrac{MB}{MA} = \dfrac{8\,cm}{4\,cm} = \dfrac{2}{1}$

A divide $\overline{MB}$ na razão $\dfrac{MB}{MA} = \dfrac{8\,cm}{4\,cm} = \dfrac{2}{1}$

B divide $\overline{AM}$ na razão $\dfrac{BA}{BM} = \dfrac{12\,cm}{8\,cm} = \dfrac{3}{2}$

B) Teorema

T1 — Dado um segmento $\overline{AB}$ e uma razão **k**, existe apenas um ponto **M** que divide internamente o segmento nesta razão.

Demonstração

Suponhamos **M** e **M'**, ambos entre **A** e **B**, tais que

$\dfrac{MA}{MB} = k$ e $\dfrac{M'A}{M'B} = k$ A•————————•——•————•B
                                                              M   M'

Então $\dfrac{MA}{MB} = \dfrac{M'A}{M'B}$

Logo $\dfrac{MA}{MB} + 1 = \dfrac{M'A}{M'B} + 1$

isto é $\dfrac{MA + MB}{MB} = \dfrac{M'A + M'B}{M'B}$

Ou seja $\dfrac{AB}{MB} = \dfrac{AB}{M'B}$ $\Rightarrow$ $MB = M'B$ $\Rightarrow$ $M = M'$

C) Observação: será deduzida no capítulo ⟦VI⟧ a fórmula para o cálculo da área de um triângulo, uma vez que sejam conhecidas uma base e a altura relativa a ela.

Trata-se de um resultado que será útil ao desenvolvimento da teoria deste capítulo. Portanto, enunciaremos:

T16 | A área de um triângulo é o semi-produto da base pela respectiva altura.

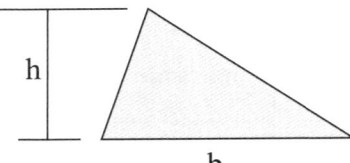

$$A_{tri} = \frac{1}{2} \cdot bh$$

D) Teorema

T2 | Se dois triângulos têm alturas iguais, então a razão entre suas áreas é igual a razão entre as bases relativas a essas alturas.

Demonstração

De fato:

$$\frac{\text{área (I)}}{\text{área (II)}} = \frac{\frac{ah}{2}}{\frac{bh}{2}} = \frac{ah}{bh} = \frac{a}{b}$$

E) TEOREMA DE TALES

T3 | Se duas retas transversais são interceptadas por um feixe de paralelas, então a razão entre dois segmentos determinados (por esse feixe) numa das transversais é igual a razão entre os dois segmentos correspondentes determinados na outra.

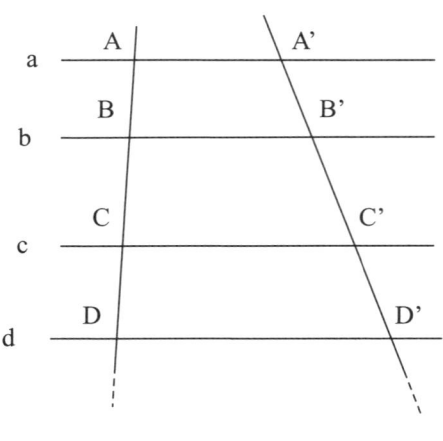

$\xRightarrow{\text{Teorema de Tales}}$

$$\begin{cases} \dfrac{AB}{BC} = \dfrac{A'B'}{B'C'} & \text{①} \\ \dfrac{BC}{CD} = \dfrac{B'C'}{C'D'} & \text{②} \\ \dfrac{AB}{CD} = \dfrac{A'B'}{C'D'} & \text{③} \end{cases}$$

a // b // c // d // ...

As equações acima podem ser escritas da seguinte forma:

① $\dfrac{AB}{A'B'} = \dfrac{BC}{B'C'}$ ② $\dfrac{BC}{B'C'} = \dfrac{CD}{C'D'}$ e ③ $\dfrac{AB}{A'B'} = \dfrac{CD}{C'D'}$

Pela propriedade transitiva, podemos concluir que

$$\dfrac{AB}{A'B'} = \dfrac{BC}{B'C'} = \dfrac{CD}{C'D'} = \cdots$$ ou seja

a razão entre dois segmentos correspondentes é constante

Demonstração:

Consideremos inicialmente o caso mais simples, que é quando as transversais se interceptam sobre uma das paralelas.

Note, que os triângulos BB'C e BB'C' têm mesma base BB' e mesma altura relativa a essa base (h). Logo, esses triângulos têm mesma área.

área (BB'C) = área (BB'C') (1)

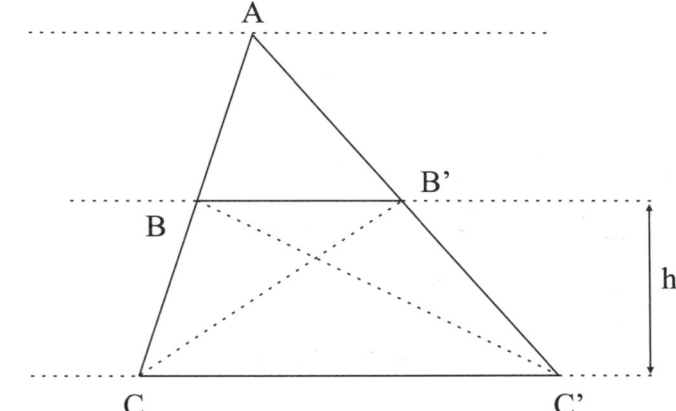

Os triângulos ABB' e BB'C têm mesma altura em relação às bases $\overline{AB}$ e $\overline{BC}$. Logo, pelo teorema T2:

$\dfrac{\text{área (ABB')}}{\text{área (BB'C)}} = \dfrac{AB}{BC}$ (2)

Analogamente: $\dfrac{\text{área (ABB')}}{\text{área (BB'C')}} = \dfrac{AB'}{B'C'}$ (3)

Substituindo (1) em (2) e comparando com (3), segue que

$$\dfrac{AB}{BC} = \dfrac{AB'}{B'C'}$$

A **Figura 1** ilustra o caso mais geral. A **Figura 2** mostra que, traçando pelo ponto **A** paralela a outra transversal, obtém-se paralelogramos com AB" = A'B' e B"C" = B'C'. Então, repetindo-se o raciocínio anterior, chega-se a $\dfrac{AB}{BC} = \dfrac{A'B'}{B'C'}$.

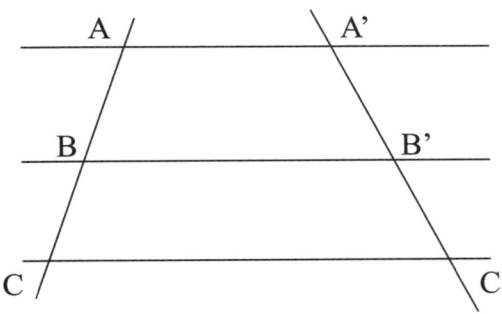

Fig. 1

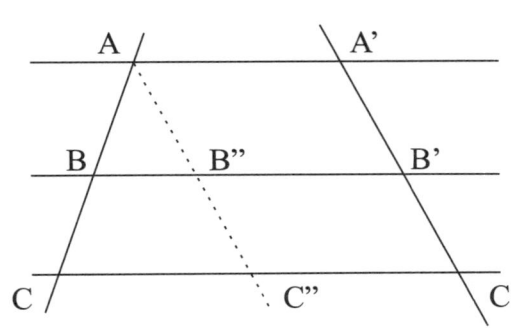

Fig. 2

F) Recíproco do Teorema de Tales

T4 | Se uma reta intersecta dois lados de um triângulo, determinando, segmentos correspondentes de mesma razão, então essa reta é paralela à reta que contém o terceiro lado.

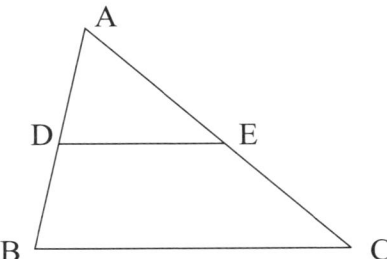

$$\frac{AD}{DB} = \frac{AE}{EC} \quad \overleftrightarrow{DE} \; // \; \overleftrightarrow{BC}$$

Demonstração

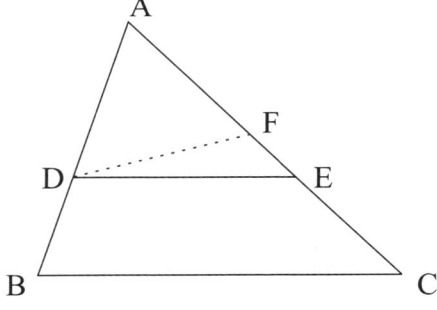

Suponhamos, por absurdo que $\overleftrightarrow{DE}$ não fosse paralela a $\overleftrightarrow{BC}$. Então, pelo ponto D, existiria uma reta, digamos $\overleftrightarrow{DF}$ (F pertencente a $\overline{AC}$) tal que $\overleftrightarrow{DF}$ fosse paralela a $\overleftrightarrow{BC}$. Daí:

Tales $\quad \dfrac{AD}{DB} = \dfrac{AF}{FC} \quad$ e, por hipótese, $\dfrac{AD}{DB} = \dfrac{AE}{EC}$.

Comparando, temos $\dfrac{AF}{FC} = \dfrac{AE}{EC}$, o que é impossível pois, pelo teorema T1, só há um ponto que divide internamente o segmento AC numa dada razão.

Portanto, podemos concluir que $\overleftrightarrow{DE}$ tem que ser, obrigatoriamente, paralela a $\overleftrightarrow{BC}$.

G) TEOREMA DA BISSETRIZ INTERNA

T5 | A bissetriz de um ângulo interno de um triângulo divide o lado oposto ao ângulo em dois segmentos proporcionais aos lados adjacentes ao ângulo.

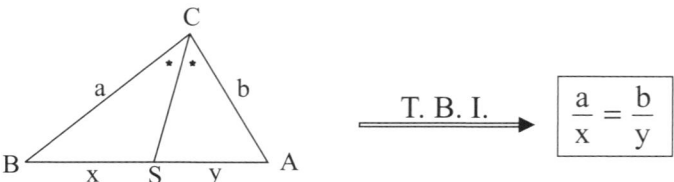

$$\xrightarrow{\text{T. B. I.}} \quad \boxed{\dfrac{a}{x} = \dfrac{b}{y}}$$

Demonstração

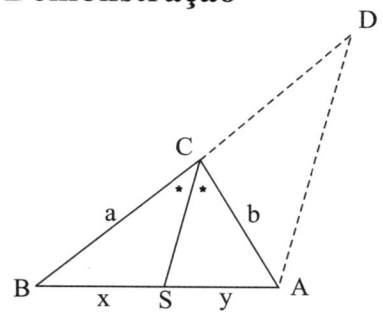 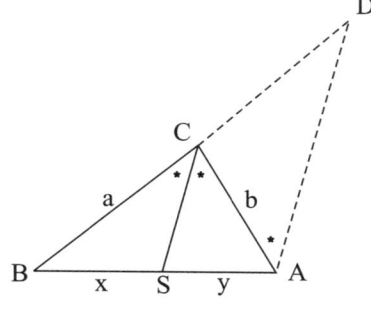 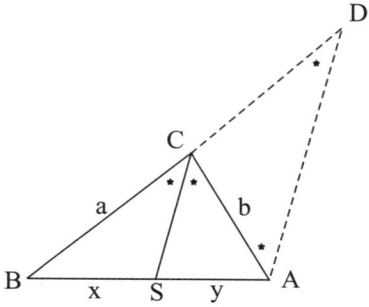

1.
Construímos por A, a paralela à $\overline{CS}$, que intercepta o prolongamento de $\overline{BC}$ em D.

2.
CS // AD com CA transversal;
SĈA é alterno
Com CÂD
Daí SĈA = CÂD.

3.
$\overline{CS}$ // $\overline{AD}$ com $\overline{BD}$ transversal;
BĈS é correspondente com BD̂A
Daí BĈS = BD̂A.

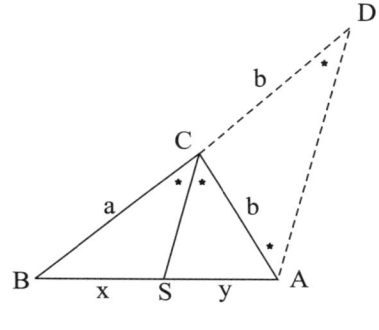 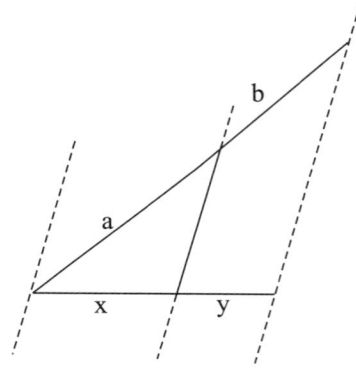

4.
O ΔACD é isósceles
Daí CA = CD.

5.
Aplicando o teorema de Tales, tem-se que:

$$\frac{a}{x} = \frac{b}{y}$$

H) TEOREMA DA BISSETRIZ EXTERNA

T6 Se a bissetriz de um ângulo externo de um triângulo intercepta a reta que contém o lado oposto, então os segmentos determinados nesta reta são proporcionais aos lados adjacentes ao ângulo.

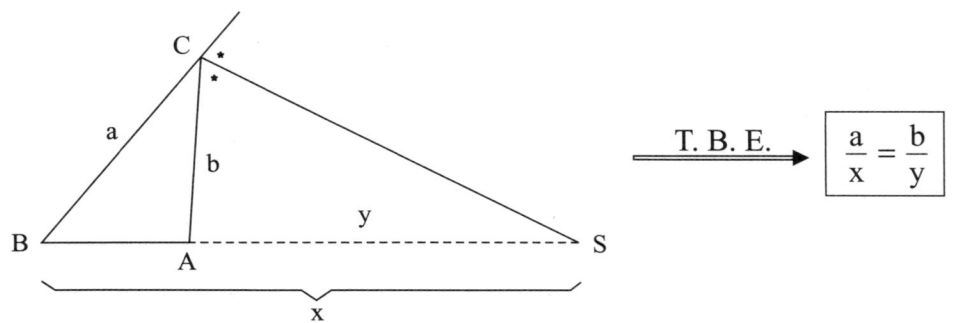

T. B. E. $\Rightarrow$ $\boxed{\dfrac{a}{x} = \dfrac{b}{y}}$

Demonstração

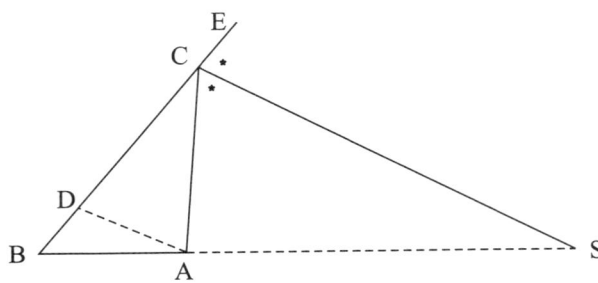

1. Construímos, por A, a paralela à $\overline{CS}$, que intercepta $\overline{BC}$ em D.

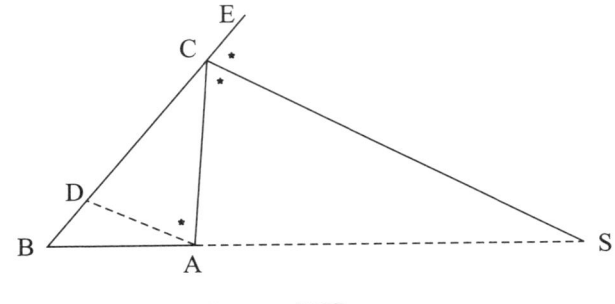

2. $\overline{CS} \;//\; \overline{AD}$ com $\overline{AC}$ transversal, $S\hat{C}A$ é alterno com $C\hat{A}D$.
Daí $S\hat{C}A = C\hat{A}D$.

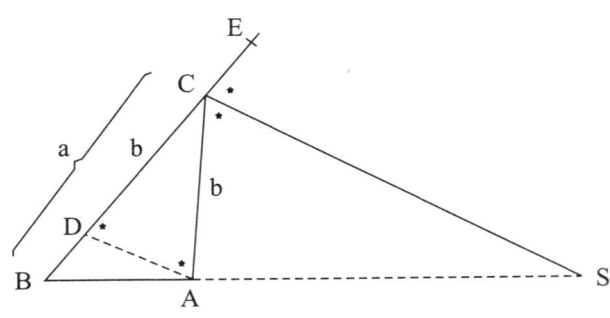

3. $\overline{CS} \;//\; \overline{AD}$ com $\overline{BC}$ transversal, $S\hat{C}E$ é correspondente com $A\hat{D}E$.

Portanto $S\hat{C}E = A\hat{D}E$.

Daí o $\triangle ACD$ é isósceles e $CD = b$.

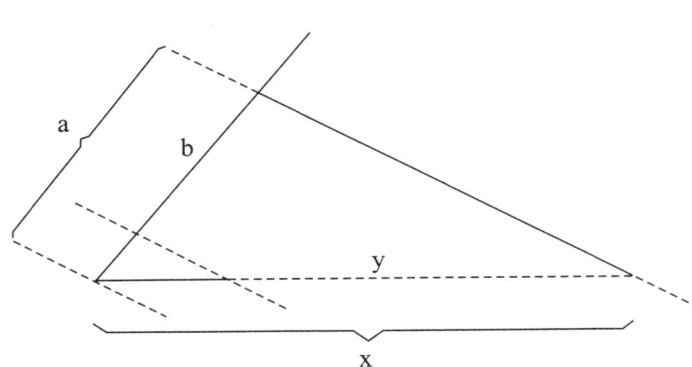

4. Aplicando o teorema de Tales, tem-se que:

$$\frac{a}{x} = \frac{b}{y}$$

EXERCÍCIOS RESOLVIDOS

Resolvido 01 Resolva as equações:
a) $2x - 6 = 0$
b) $x \cdot (x + 5) = 0$
c) $x^2 = 64$
d) $2x^2 - 72 = 0$
e) $2x^2 + 12x - 8 = -x^2 + 48x - 8$

Solução:

a) $2x - 6 = 0 \Leftrightarrow 2x = 6 \Leftrightarrow x = \Leftrightarrow x = 3$ $S = \{3\}$

b) (Lembre-se: $A \cdot B = 0 \quad A = 0$ ou $B = 0$)
$x(x + 5) = 0 \Rightarrow x = 0$ ou $x + 5 = 0$
$x = -5$ $S = \{0, -5\}$

c) $x^2 = 64 \Leftrightarrow x^2 - 64 = 0 \Leftrightarrow (x + 8)(x - 8) = 0$
Portanto: $x + 8 = 0$ ou $x - 8 = 0$
$x = -8 \qquad x = 8$ $S = \{-8, 8\}$

d) $2x^2 - 72 = 0 \Rightarrow 2(x^2 - 36) = 0 \Rightarrow 2(x + 6)(x - 6) = 0$
Portanto: $x + 6 = 0$ ou $x - 6 = 0$
$x = -6 \qquad x = 6$ $S = \{-6, 6\}$

e) $2x^2 + 12x - 8 = -x^2 + 48x - 8 \Rightarrow 3x^2 - 36x = 0 \Rightarrow 3x(x-12) = 0$
Portanto, $x = 0$ ou $x - 12 = 0$
$x = 12$ $S = \{0, 12\}$

Resolvido 02 Sendo $r // s // t$, calcule x.

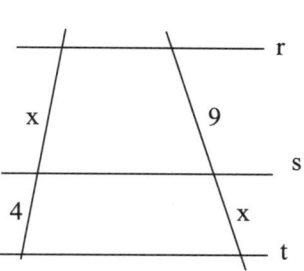

Solução: $\dfrac{x}{4} = \dfrac{9}{x} \Leftrightarrow x^2 = 36 \Leftrightarrow$

$\Leftrightarrow x^2 - 36 = 0 \Leftrightarrow (x+6)(x-6) = 0$
$x + 6 = 0 \Rightarrow x = -6$ (não serve)
ou
$x - 6 = 0 \Rightarrow x = 6$

Resposta: 6

Resolvido 03 Sendo $r // s // t$, calcule x e y.

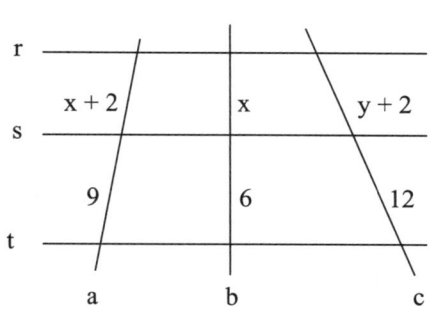

Solução: $\dfrac{x+2}{9} = \dfrac{x}{6} \Leftrightarrow \dfrac{x+2}{3} = \dfrac{x}{2} \Leftrightarrow$

$\Leftrightarrow 3x = 2(x+2) \Leftrightarrow 3x = 2x + 4 \Leftrightarrow \boxed{x = 4}$

$\dfrac{x}{6} = \dfrac{y+2}{12} \Leftrightarrow \dfrac{x}{1} = \dfrac{y+2}{2} \Leftrightarrow \dfrac{4}{1} = \dfrac{y+2}{2} \Leftrightarrow$

$\Leftrightarrow y + 2 = 8 \Leftrightarrow \boxed{y = 6}$

Resposta: x = 4 , y = 6

Resolvido 04 Sendo $r // s // t$, determine x.

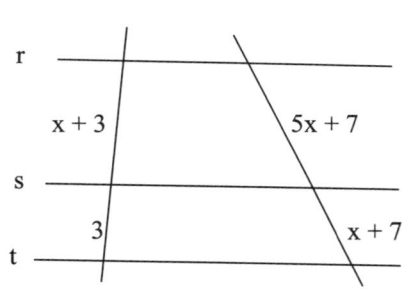

Solução: $\dfrac{x+3}{3} = \dfrac{5x+7}{x+7} \Leftrightarrow (x+3)(x+7) = 3(5x+7)$

$\Leftrightarrow x^2 + 10x + 21 = 15x + 21 \Leftrightarrow x^2 - 5x = 0$
$x(x-5) = 0 \Rightarrow x = 0$ ou $x - 5 = 0$
$\boxed{x = 5}$

Resposta: 5

Resolvido 05 Dado que $r // s // t$, calcule x.

Solução:

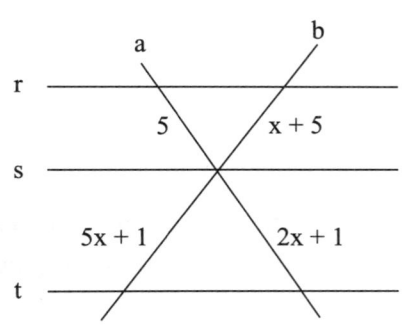
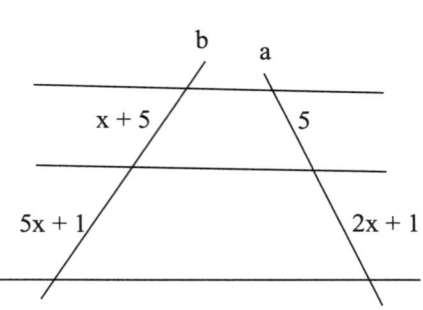

Neste caso é melhor separar as transversais.

$\dfrac{x+5}{5x+1} = \dfrac{5}{2x+1} \Leftrightarrow (2x+1)(x+5) = 5(5x+1) \Leftrightarrow 2x^2 + 11x + 5 = 25x + 5$

$\Leftrightarrow 2x^2 - 14x = 0 \Leftrightarrow 2x(x-7) = 0 \Rightarrow x = 0$ ou $x - 7 = 0$
$\therefore x = 7$

Resposta: 7

Resolvido 06 Calcule x, sabendo que r // s // t.

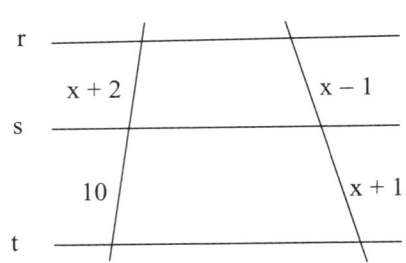

Solução:

$\dfrac{x+2}{10} = \dfrac{x-1}{x+1} \Leftrightarrow (x+2)(x+1) = 10(x-1)$

$\Leftrightarrow x^2 + 3x + 2 = 10x - 10 \Leftrightarrow x^2 - 7x + 12 = 0$

$\Leftrightarrow (x-4)(x-3) = 0$

Portanto x − 4 = 0 ou x − 3 = 0
  x = 4   x = 3

Resposta: 4 ou 3

Resolvido 07 Calcule x, sendo r // s // t.

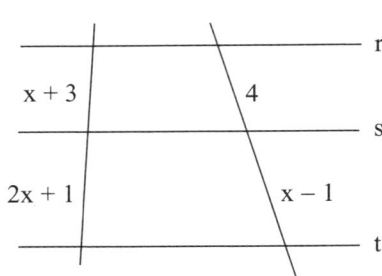

Solução:

$\dfrac{x+3}{2x+1} = \dfrac{4}{x-1} \Leftrightarrow (x+3)(x-1) = 4(2x+1) \Leftrightarrow$

$\Leftrightarrow x^2 - 6x - 7 = 0 \Leftrightarrow (x-7)(x+1) = 0$

Portanto x − 7 = 0 ou x + 1 = 0
  x = 7   x = −1

Resposta: 7

Resolvido 08 O perímetro do triângulo ABC é 40 cm e $\overline{AS}$ é bissetriz interna. Calcule AB.

Solução:

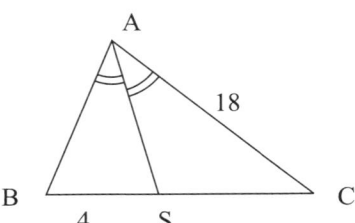 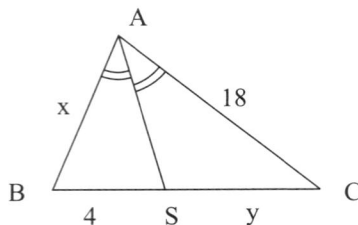

Perímetro do ΔABC = 40 ⇒ x + 4 + y + 18 = 40   x + y = 18   ①
Teorema da Bissetriz Interna ⇒ $\dfrac{x}{4} = \dfrac{18}{y}$ ⇒ $y = \dfrac{72}{x}$ ②

Substituindo ② em ① $x + \dfrac{72}{x} = 18 \Leftrightarrow x^2 - 18x + 72 = 0 \Leftrightarrow$

$\Leftrightarrow (x-6)(x-12) = 0$

Portanto x − 6 = 0 ou x − 12 = 0
  x = 6   x = 12

Resposta: 6 cm ou 12 cm

Resolvido 09 Sendo 13 cm o perímetro do triângulo ABC e 18 cm o do ΔPQR, calcule AB e PQ nos itens abaixo.

a.

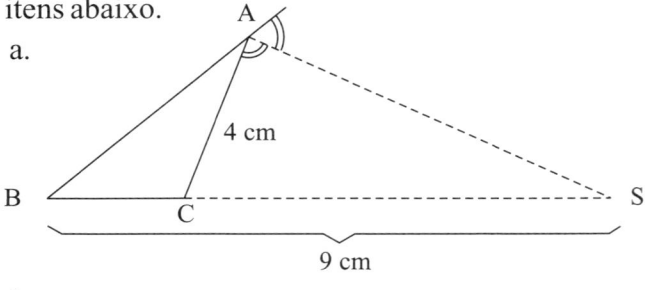

b.

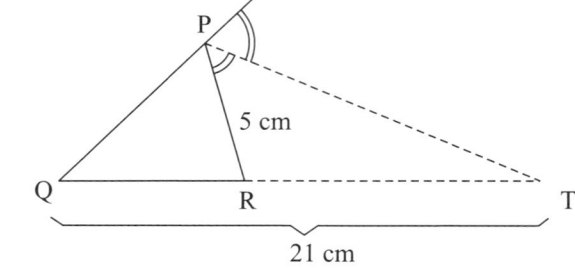

Solução:

a.

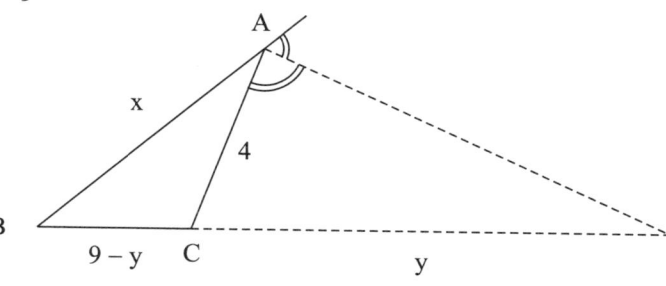

Perímetro $\triangle ABC = 13 \Rightarrow x + 9 - y + 4 = 13$

$\overline{AS}$ é bissetriz externa $\Rightarrow \dfrac{x}{9} = \dfrac{4}{y}$

$$\begin{cases} x = y & \text{①} \\ xy = 36 & \text{②} \end{cases}$$

Substituindo ① em ②: $x \cdot x = 36 \Leftrightarrow x = -6$ ou $x = 6$

Resposta: 6 cm

b.

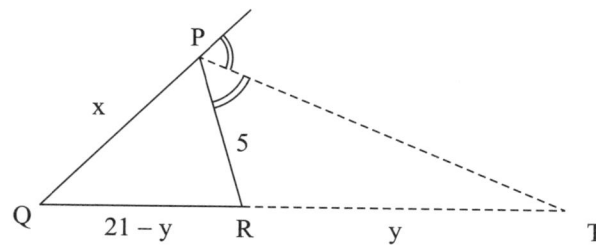

Perímetro $\triangle PQR = 18 \Rightarrow x + 21 - y + 5 = 18$

$\overline{PT}$ é bissetriz externa $\Rightarrow \dfrac{x}{21} = \dfrac{5}{y}$

$$\begin{cases} x - y = -8 & \text{①} \\ y = \dfrac{105}{x} & \text{②} \end{cases}$$

Substituindo ② em ① : $x - \dfrac{105}{x} = -8 \Leftrightarrow x^2 + 8x - 105 = 0 \Leftrightarrow$

$\Rightarrow (x + 15)(x - 7) = 0 \Leftrightarrow x + 15 = 0$ ou $x - 7 = 0$
$\qquad\qquad\qquad\qquad\qquad\qquad\quad x = -15 \qquad\qquad x = 7$

Resposta: 7 cm

Resolvido **10** Do triângulo ABC abaixo sabe-se que $\overline{AS}$ é bissetriz interna e AT é bissetriz externa. Calcule CT.

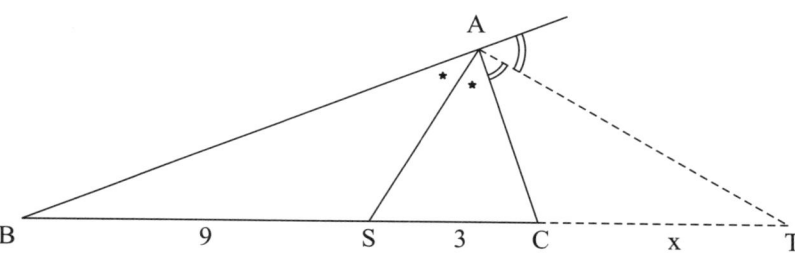

Solução:

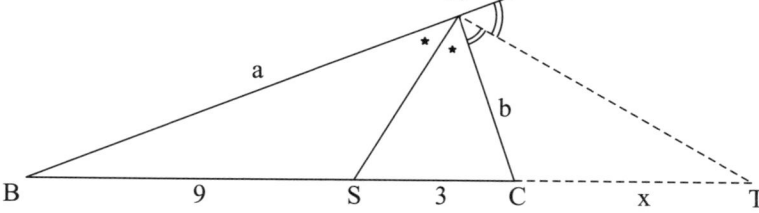

AS é bissetriz interna $\Rightarrow \dfrac{a}{9} = \dfrac{b}{3} \Rightarrow \dfrac{a}{b} = \dfrac{9}{3}$

AT é bissetriz externa $\Rightarrow \dfrac{a}{12+x} = \dfrac{b}{x} \Rightarrow \dfrac{a}{b} = \dfrac{12+x}{x}$

$\Rightarrow \dfrac{12+x}{x} = \dfrac{9}{3} \Leftrightarrow \dfrac{12+x}{x} = \dfrac{3}{1} \Leftrightarrow 3x = 12 + x \Leftrightarrow x = 6$

Resposta: 6

EXERCÍCIOS PROPOSTOS

01 Desenvolva os produtos abaixo.

a) $(x + 4)(x + 2) = x^2 + 2x + 4x + 8 = x^2 + 6x + 8$

b) $(x + 6)(x + 3) =$

c) $(x + 5)(x - 2) =$

d) $(x + 7)(x - 3) =$

e) $(x - 4)(x + 2) =$

f) $(x - 8)(x - 6) =$

g) $(x + 7)(x - 9) =$

02 Dê as respostas dos produtos abaixo, sem aplicar a propriedade distributiva.

a) $(x + 8)(x + 2) =$

b) $(x - 6)(x + 4) =$

c) $(x - 5)(x + 3) =$

d) $(x - 12)(x + 10) =$

e) $(x - 8)(x - 3) =$

f) $(x + 9)(x - 1) =$

g) $(x + 9)(x - 8) =$

03 Fatore as expressões abaixo.

a) $x^2 - 7x + 12 = (x - 3)(x - 4)$

b) $x^2 + 2x - 8 =$

c) $x^2 - 2x - 15 =$

d) $x^2 - 2x - 24 =$

e) $x^2 + 10x - 24 =$

f) $x^2 + 7x - 30 =$

g) $x^2 - 9x + 18 =$

h) $x^2 - 25x + 144 =$

i) $x^2 - 10x - 144 =$

j) $x^2 + 5x + 6 =$

l) $x^2 - x - 6 =$

m) $x^2 - x - 72 =$

04 Em cada caso abaixo tem-se um feixe de paralelas interceptado por transversais. Calcule os valores das incógnitas.

a.
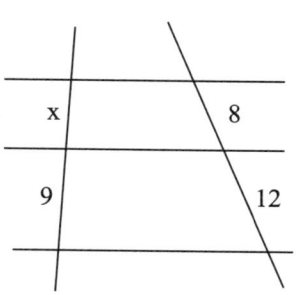

b.
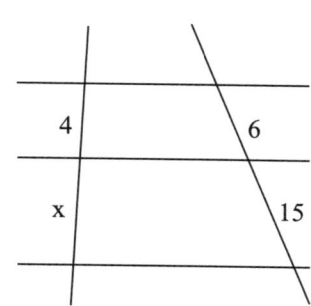

c.
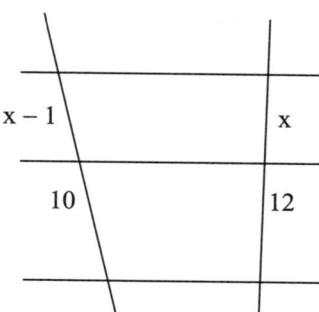

d.
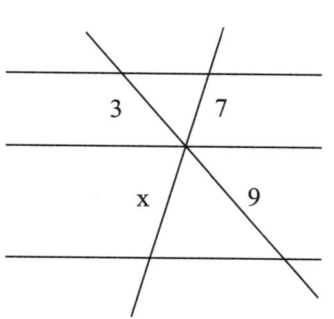

e.
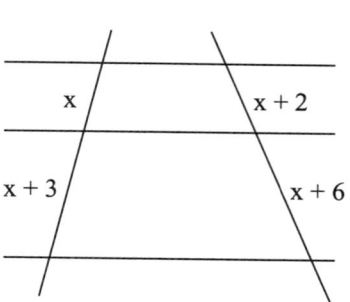

f.
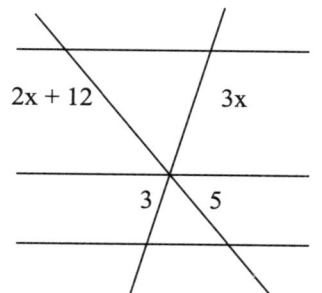

g.
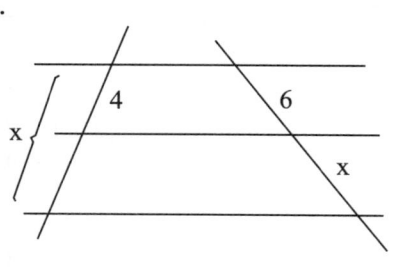

h.
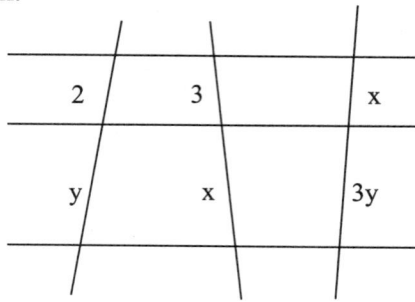

i.
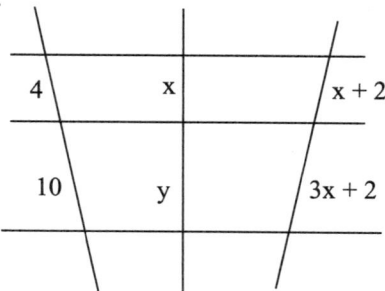

05 Calcule o valor de x nos casos abaixo, dado que r, s e t são paralelas entre si.

a.
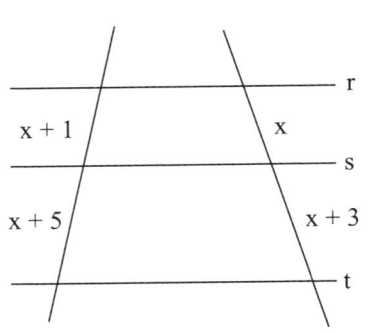

b.
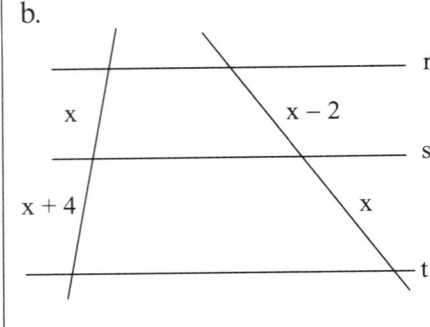

c.
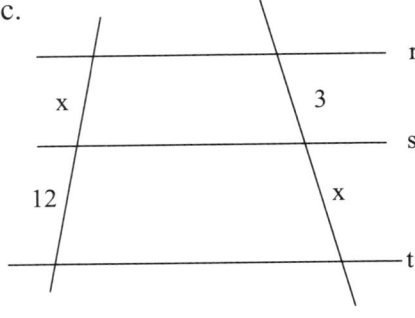

d.
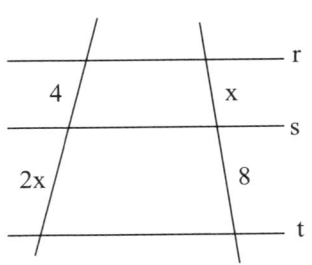

e.
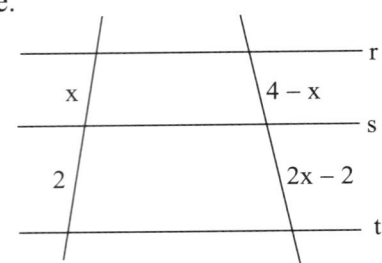

f.
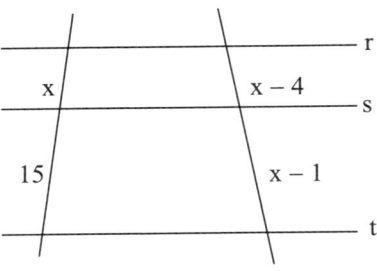

g.
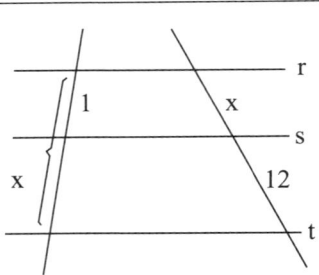

h.
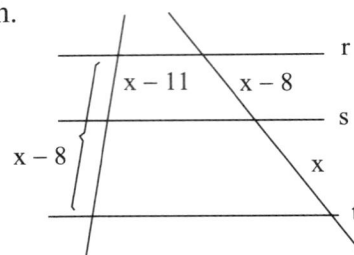

i.
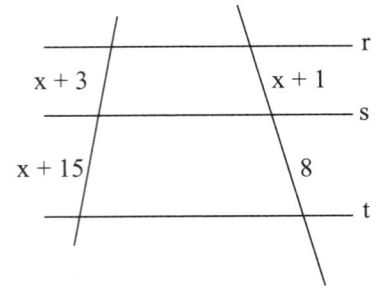

06 As figuras, abaixo mostram feixes de paralelas. Determine o valor das incógnitas.

a.

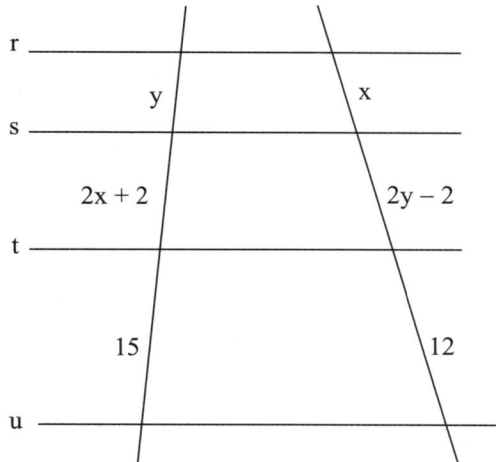

b.

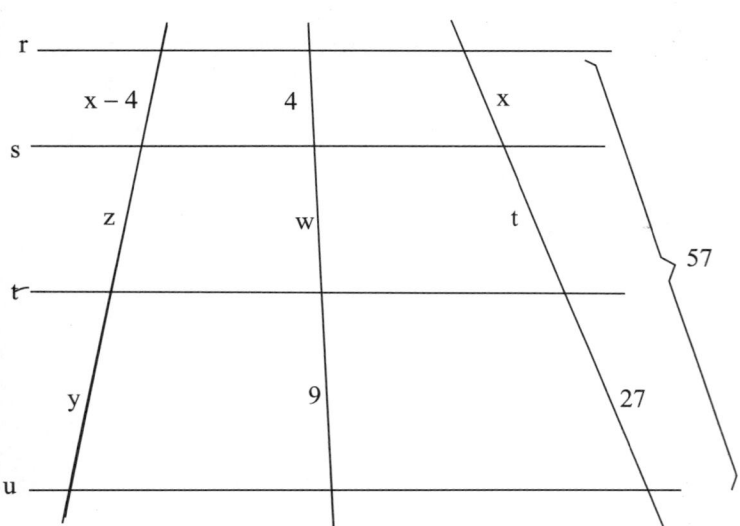

c.

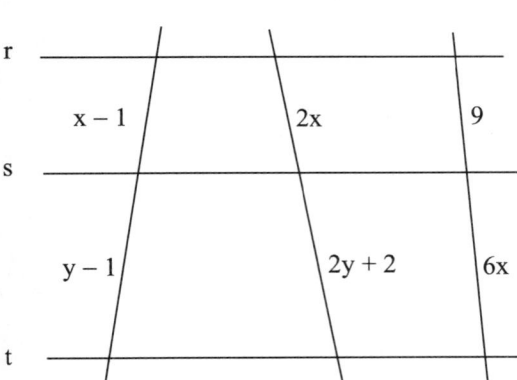

07 Nos triângulos abaixo, $\overline{AS}$ é bissetriz do ângulo BÂC. Calcule o valor das incógnitas.

a.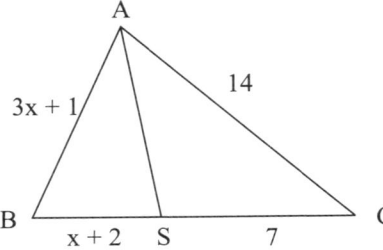

b.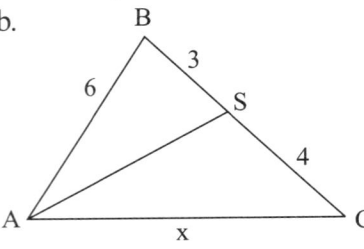

c.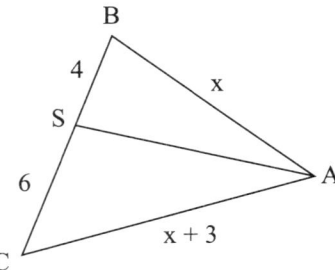

d.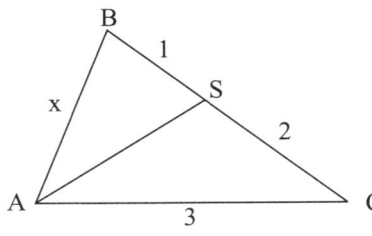

e.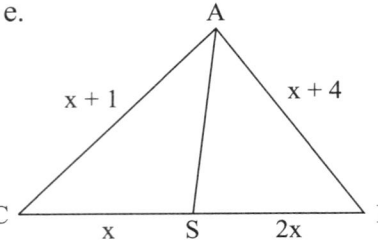

f.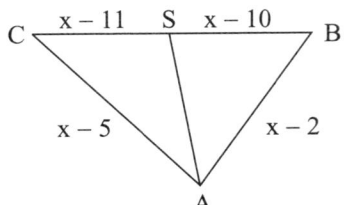

g.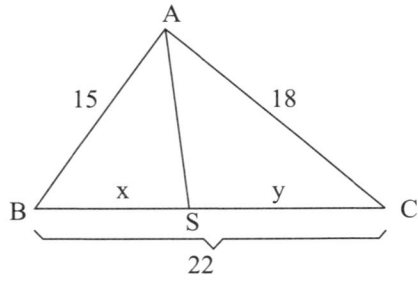

h. Dado: perímetro do △ABC = 63

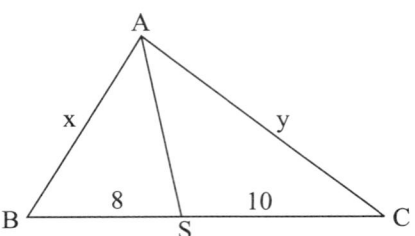

Geometria Plana - 9º ano — Teorema de Tales e Bissetrizes

08 Calcule x nos casos abaixo, onde marcas iguais indicam ângulos de mesma medida.

a.

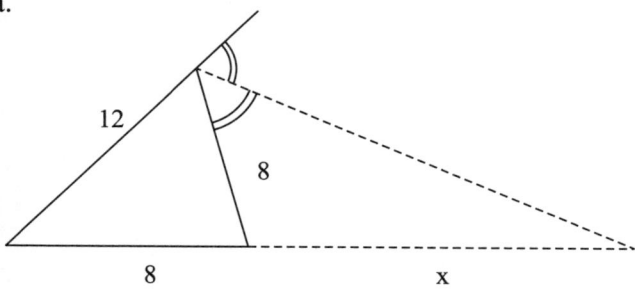

b.

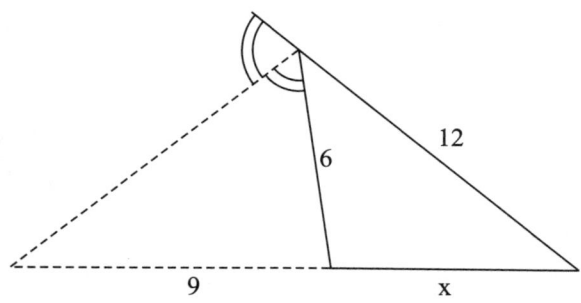

c.

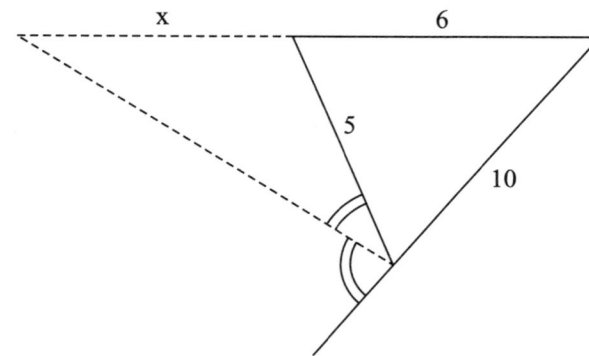

d.

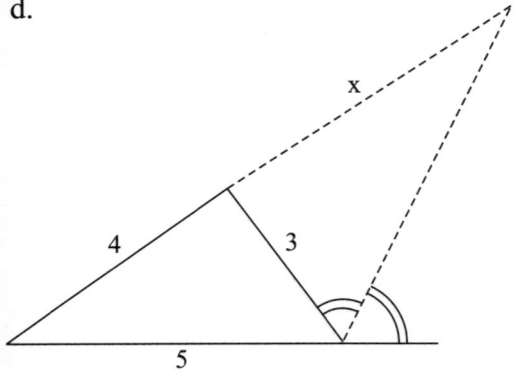

e. Dado: perímetro do △ABC = 21 cm.

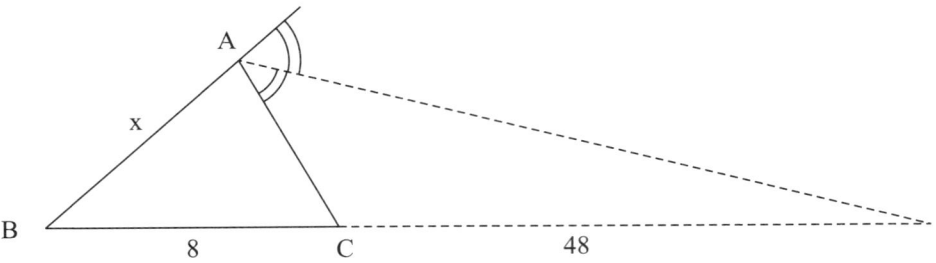

f.

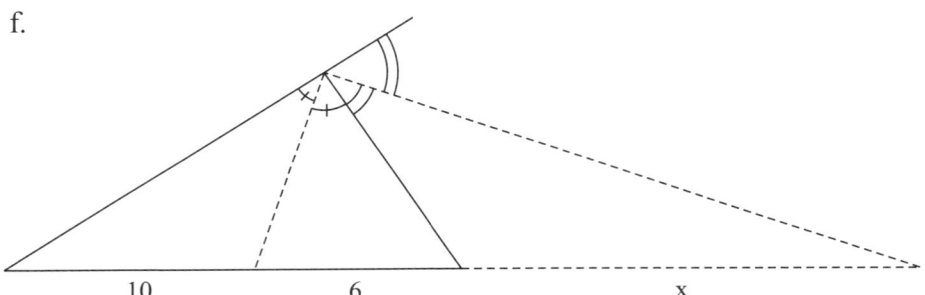

II SEMELHANÇA DE TRIÂNGULOS

A) **Definição**: dois triângulos são semelhantes se os ângulos de um têm medidas iguais aos ângulos do outro e se os lados correspondentes são proporcionais.

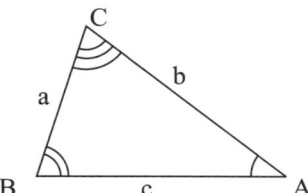 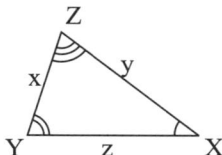

Se o $\triangle ABC$ é semelhante ao $\triangle XYZ$ (indica-se $\triangle ABC \sim \triangle XYZ$), então $\hat{A} = \hat{X}$, $\hat{B} = \hat{Y}$, $\hat{C} = \hat{Z}$ e

$$\frac{a}{x} = \frac{b}{y} = \frac{c}{z} = k$$

Observação: 1) A constante **k** é chamada de **razão de semelhança**.
2) Os pares de lados **a** e **x**, **b** e **y**, **c** e **z** são ditos **correspondentes** ou **homólogos**.
3) Se a razão de semelhança entre dois triângulos é **k**, então a razão entre seus perímetros também é **k**.

De fato, sejam os triângulos ABC e XYZ semelhantes como acima. Tem-se:

$$\left. \begin{array}{l} \dfrac{a}{x} = k \Rightarrow a = kx \\ \dfrac{b}{y} = k \Rightarrow b = ky \\ \dfrac{c}{z} = k \Rightarrow c = kz \end{array} \right\} \Rightarrow \dfrac{a+b+c}{x+y+z} = \dfrac{kx+ky+kz}{x+y+z} = \dfrac{k(x+y+z)}{x+y+z} = k$$

4) Pode-se provar que, se dois triângulos são semelhantes, então a razão entre quaisquer linhas homólogas (lados, alturas, medianas, bissetrizes) ou soma de linhas homólogas é sempre igual a razão de semelhança.

B) TEOREMA FUNDAMENTAL

T7 Qualquer reta paralela a um lado de um triângulo, que intercepta os outros dois (não em um vértice) determina um triângulo semelhante ao original.

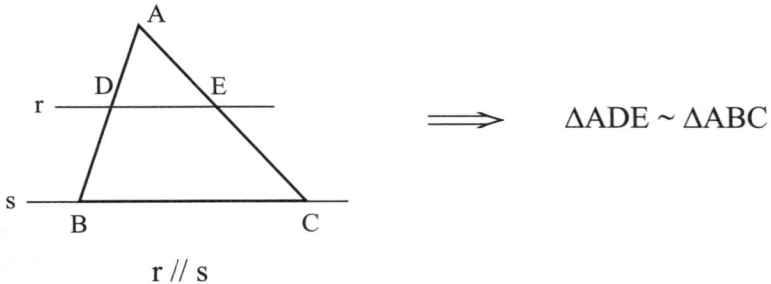

$\implies \triangle ADE \sim \triangle ABC$

r // s

Demonstração:

$\hat{A}$ é comum

$A\hat{D}E = A\hat{B}C$ (correspondentes)

$A\hat{E}D = A\hat{C}B$ (correspondentes)

$\dfrac{a}{x} = \dfrac{b}{y}$ (Teorema de Tales)

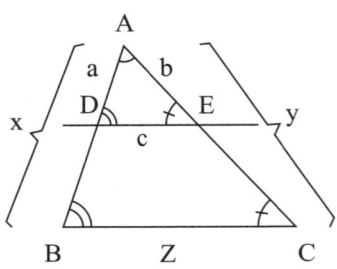

Seja $\overline{EF} \parallel \overline{AB}$. Como $\overline{DE} \parallel \overline{BC}$, tem-se que DEFB é paralelogramo e, portanto, BF = DE = c.

Pelo teorema de Tales, tem-se

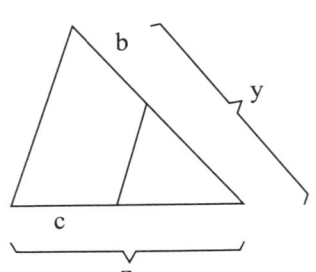

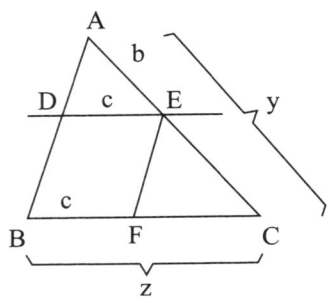

$$\frac{b}{y} = \frac{c}{z}.$$

Portanto, $\dfrac{a}{x} = \dfrac{b}{y} = \dfrac{c}{z}$

Comos os ângulos homólogos são congruentes, tem-se $\triangle ADE \sim \triangle ABC$.

C) CRITÉRIOS DE SEMELHANÇA

C1 – Ângulo - ângulo

T8 Se dois ângulos de um triângulo são iguais a dois ângulos de outro triângulo, então esses triângulos são semelhantes.

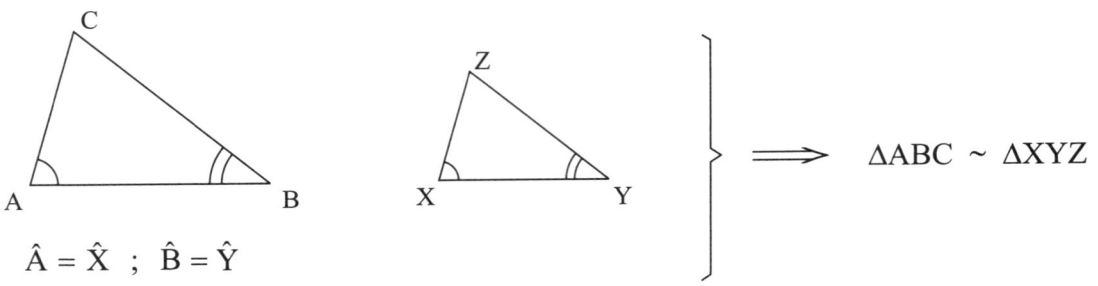

C2 – Lado - Ângulo - Lado

T9 Se dois lados de um triângulo são proporcionais a dois lados de outro triângulo, e os ângulos formados por esses lados são congruentes, então esses triângulos são semelhantes.

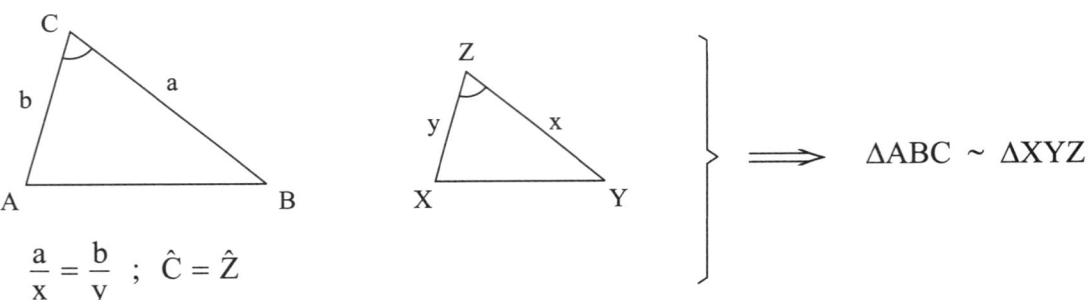

C3 – Lado - Lado - Lado

T10 Se três lados de um triângulo são proporcionais a três lados de outro triângulo, então esses triângulos são semelhantes.

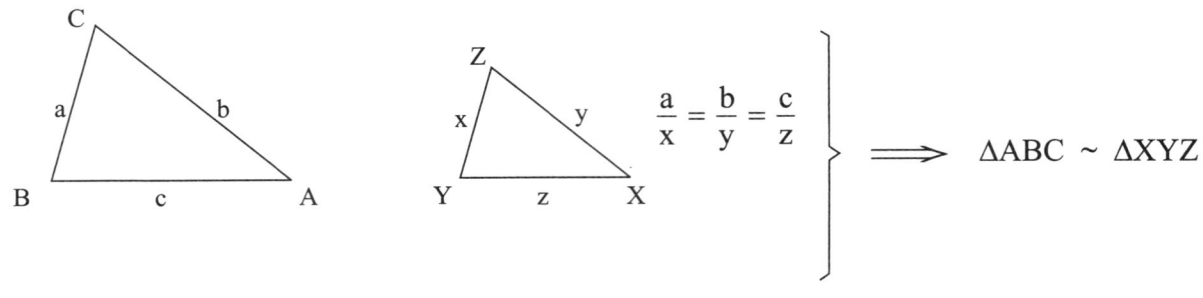

EXERCÍCIOS RESOLVIDOS

Resolvido 11   Calcule a área do triângulo ABC, dado que $\overline{DE} \parallel \overline{BC}$.

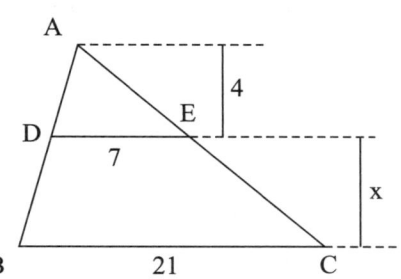

Solução: $\overline{DE} \parallel \overline{BC} \Rightarrow \triangle ADE \sim \triangle ABC$

Portanto: $\dfrac{4}{4+x} = \dfrac{7}{21} \Rightarrow x = 8$

$A_{\triangle ABC} = \dfrac{21(x+4)}{2} = \dfrac{21 \cdot (8+4)}{2} = 126$

Resposta: 126

Resolvido 12   Na figura abaixo, ângulos com marcas iguais são congruentes. Determine x e y.

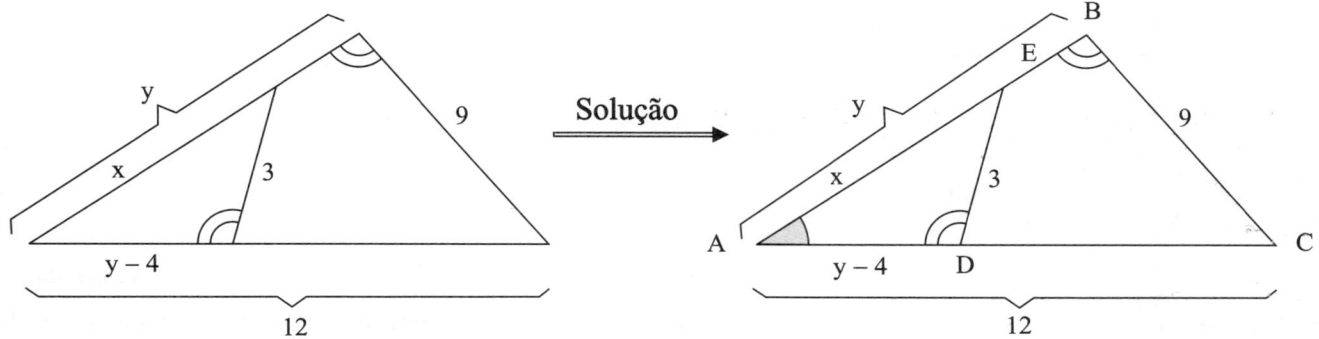

$\left. \begin{array}{l} A\hat{B}C = A\hat{D}E \\ \hat{A} \text{ é comum} \end{array} \right\} \Rightarrow \triangle ABC \sim \triangle ADE$

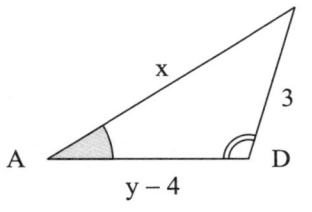
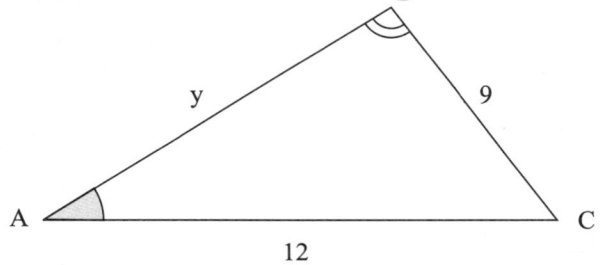

$\dfrac{x}{12} = \dfrac{3}{9} = \dfrac{y-4}{y} \Rightarrow \dfrac{x}{12} = \dfrac{3}{9} \Rightarrow \boxed{x = 4}$

$\dfrac{y-4}{y} = \dfrac{3}{9} \Rightarrow \boxed{y = 6}$

Resposta: x = 4 , y = 6

Resolvido 13   O quadrilátero abaixo é um trapézio. Calcule o valor de x.

Solução:

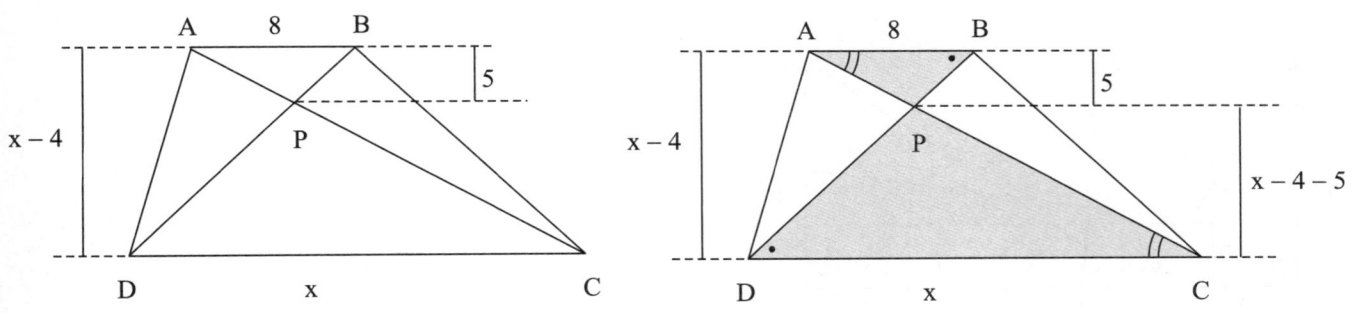

$$\left.\begin{array}{l}\text{B}\hat{\text{A}}\text{C} = \text{A}\hat{\text{C}}\text{D (alternos)}\\ \text{A}\hat{\text{B}}\text{D} = \text{B}\hat{\text{D}}\text{C (alternos)}\end{array}\right\} \Rightarrow \Delta\text{PAB} \sim \Delta\text{PCD} \Rightarrow \frac{x}{8} = \frac{x-4-5}{5} \Rightarrow \boxed{x = 24}$$

Resposta: 24

Resolvido 14 Determine o raio da circunferência, dado que AB = AC.

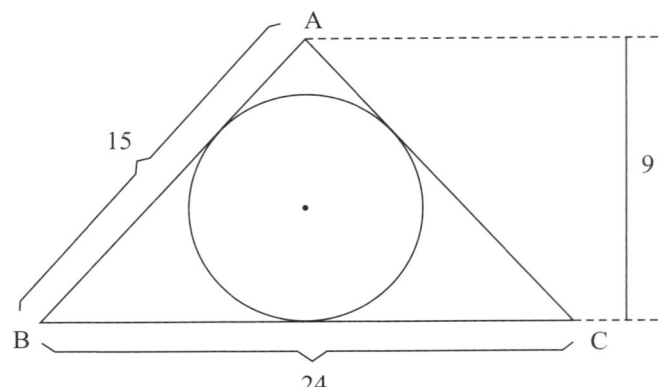

Solução:

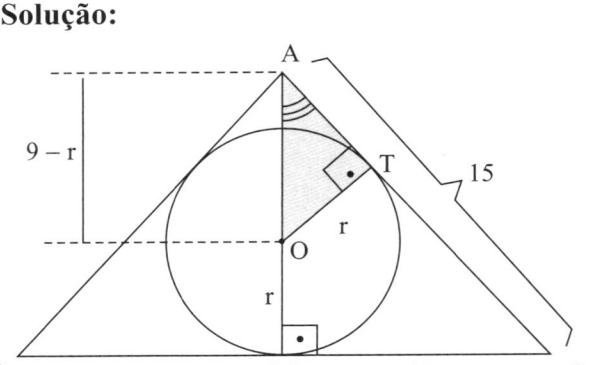

$$\left.\begin{array}{l}\text{A}\hat{\text{T}}\text{O} = \text{A}\hat{\text{M}}\text{C } (90°)\\ \text{M}\hat{\text{A}}\text{C comum}\end{array}\right\} \Rightarrow \Delta\text{ATO} \sim \Delta\text{AMC} \Rightarrow \frac{9-r}{15} = \frac{r}{12} \Rightarrow \boxed{r = 4}$$

Resposta: 4

Resolvido 15 A figura mostra um quadrado de lado 2 cm inscrito num triângulo ABC. Calcule a área do triângulo ADE.

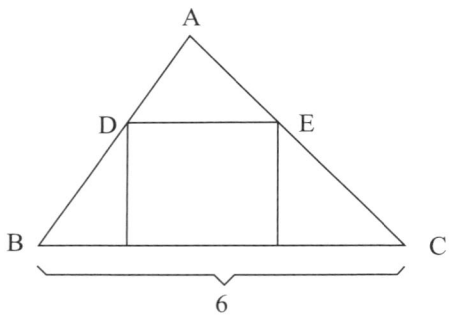

Solução:

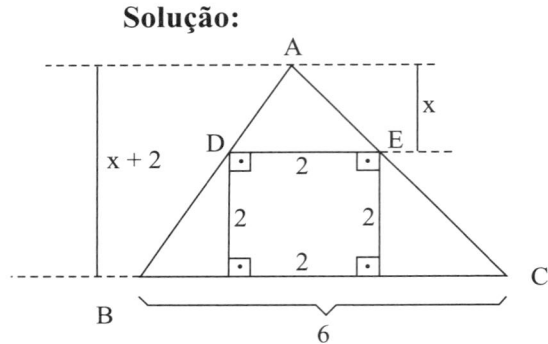

$$\overline{\text{DE}} \mathbin{/\mkern-5mu/} \overline{\text{BC}} \Rightarrow \Delta\text{ADE} \sim \Delta\text{ABC} \Rightarrow \frac{x}{x+2} = \frac{2}{6} \Rightarrow x = 1$$

$$A_{\Delta ADE} = \frac{2x}{2} \Rightarrow A_{\Delta ADE} = x \Rightarrow A_{\Delta ADE} = 1\text{cm}^2$$

Resposta: 1 cm²

Resolvido 16 Calcule x e y na figura abaixo.

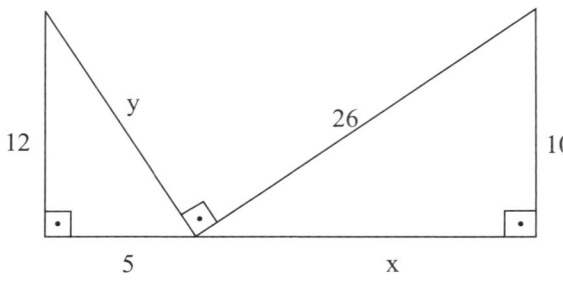

Solução:

1) No vértice C: a + b + 90° = 180°

   a + b = 90°

2) No ΔABC: $\hat{B}$ + 90° + b = 180°

   $\hat{B}$ + b = 90°

1) e 2) ⇒ $\hat{B}$ = a

Portanto,

ΔABC ~ ΔDCE ⇒ $\dfrac{5}{10} = \dfrac{12}{x} = \dfrac{y}{26}$ ⇒ $\begin{array}{l} x = 24 \\ y = 13 \end{array}$

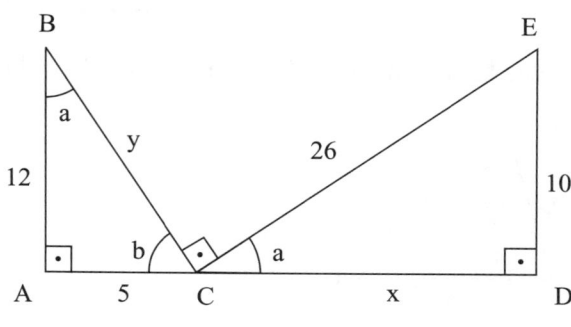

Resposta: x = 24 , y = 13

Resolvido **17** Calcule x na figura abaixo.

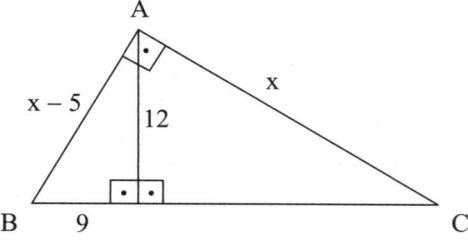

Solução:

1) No ΔABC: a + b + 90° = 180°

   a + b = 90°

2) No DABH: B$\hat{A}$H + a + 90° = 180°

   B$\hat{A}$H + a = 90°

1) e 2) ⇒ B$\hat{A}$H = b ⇒ DABH ~ DABC ⇒

$\dfrac{9}{x-5} = \dfrac{12}{x}$ ⇔ $\dfrac{3}{x-5} = \dfrac{4}{x}$ ⇔ 4(x − 5) = 3x ⇔

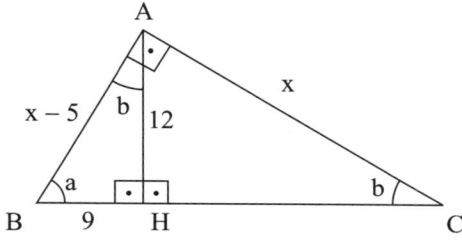

⇔ 4x − 20 = 3x ⇔ $\boxed{x = 20}$

Resposta: 20

EXERCÍCIOS PROPOSTOS

09 Nas figuras abaixo, $\overline{DE}$ é paralelo a $\overline{BC}$. Determine as incógnitas.

a.
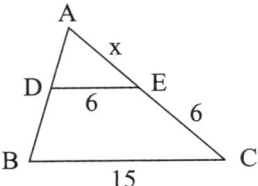

b.
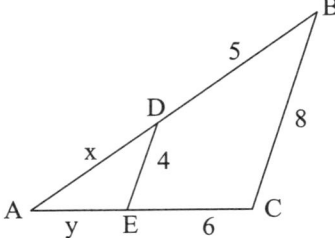

c.
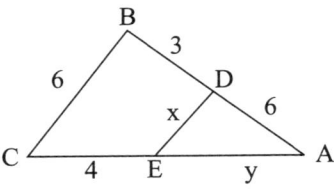

d.
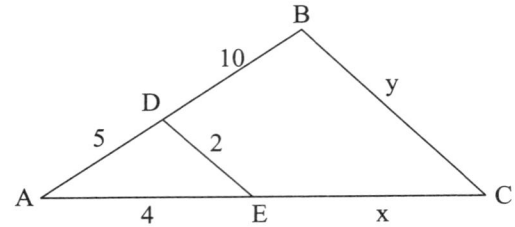

e.
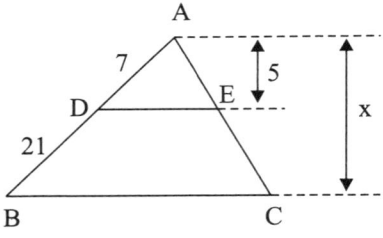

f.
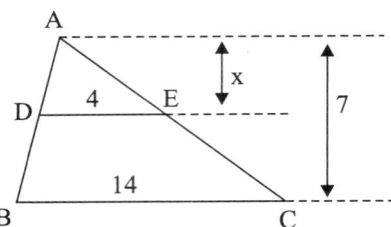

g.
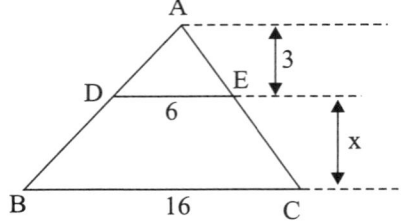

h.
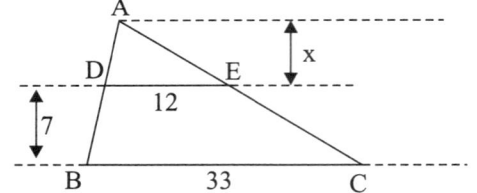

Geometria Plana - 9º ano — Semelhança de Triângulos

10 Determine as incógnitas nas figuras abaixo:

a.

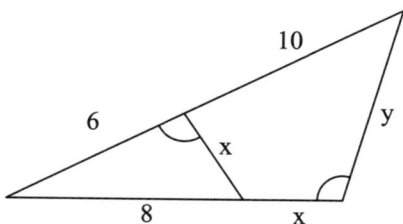

b.

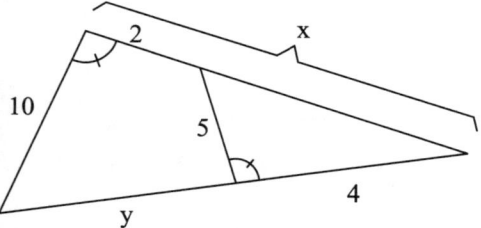

c.

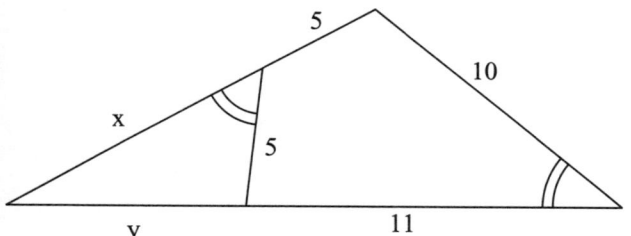

d.

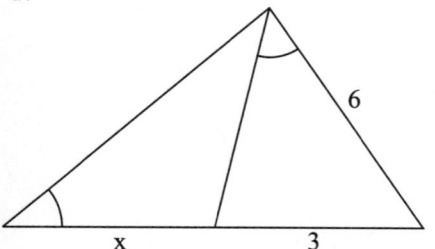

23

e.

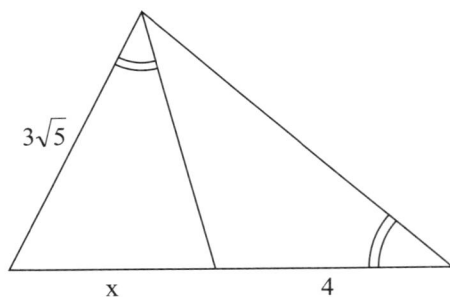

11. Calcule x nos trapézios abaixo:

a.
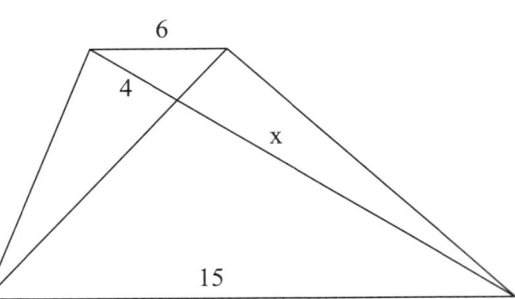

b.
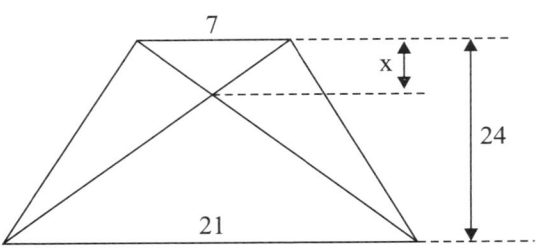

12. Calcule x nos paralelogramos ABCD abaixo:

a.
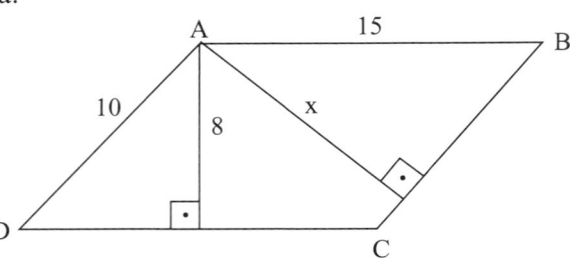

b.
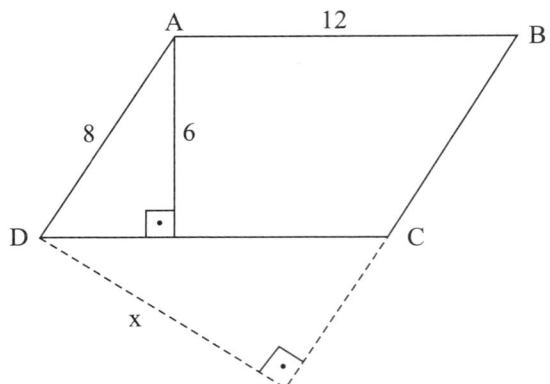

13 Determine os valores de x e y.

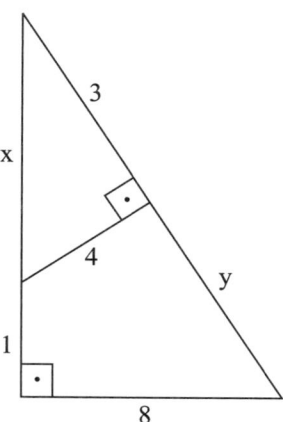

14 Calcule a altura relativa à base BC do triângulo isósceles ABC mostrado abaixo.

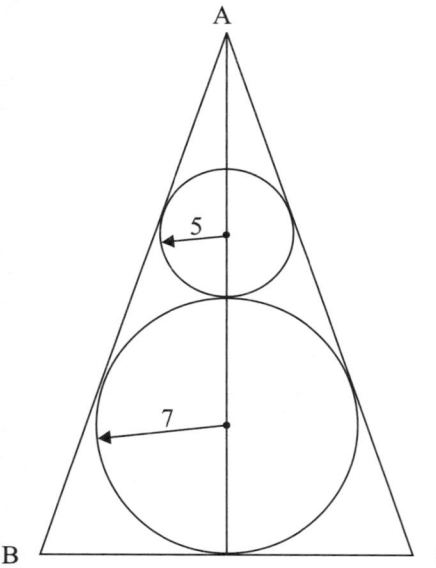

15 Calcule a área do triângulo isósceles ABC, dados AE = 4 cm, AD = 8 cm.

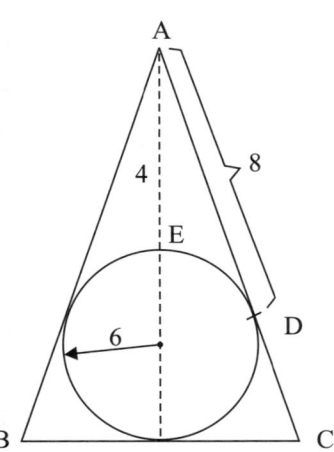

16 Determine o valor de x na figura abaixo:

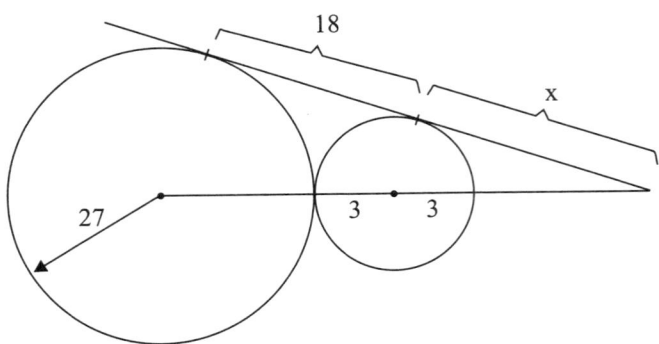

---

17 As figuras abaixo mostram retângulos inscritos em triângulos. Determine, em cada caso, o valor de x.

a.

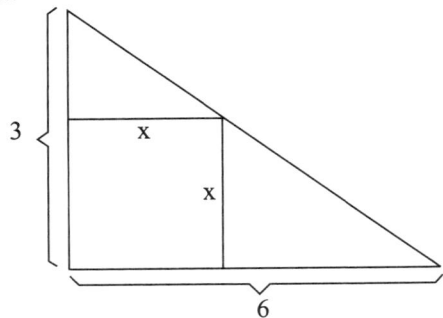

b.

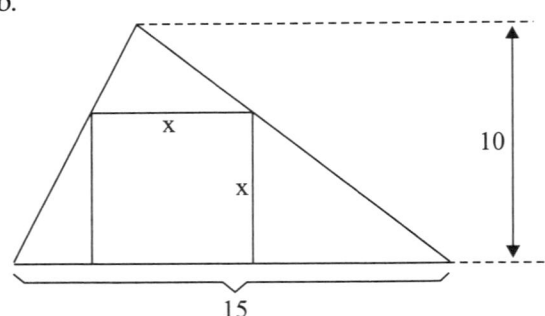

c.

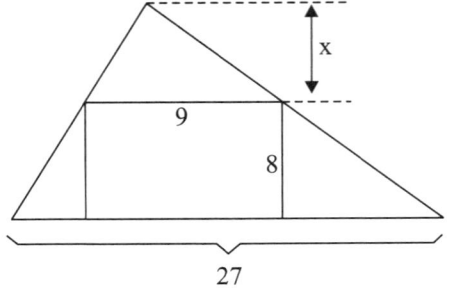

18 Calcule a medida do lado quadrado ABCD.

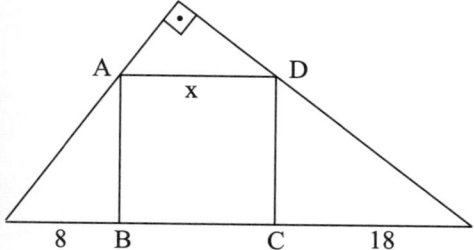

19 Dados: ABCD é retângulo, de lados AB = 12 cm e BC = 9 cm, M é o ponto médio de CD. Calcule EF.

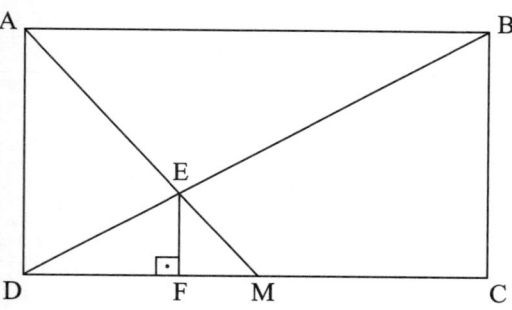

20 Calcule a medida da base $\overline{BC}$ do triângulo isósceles ABC.

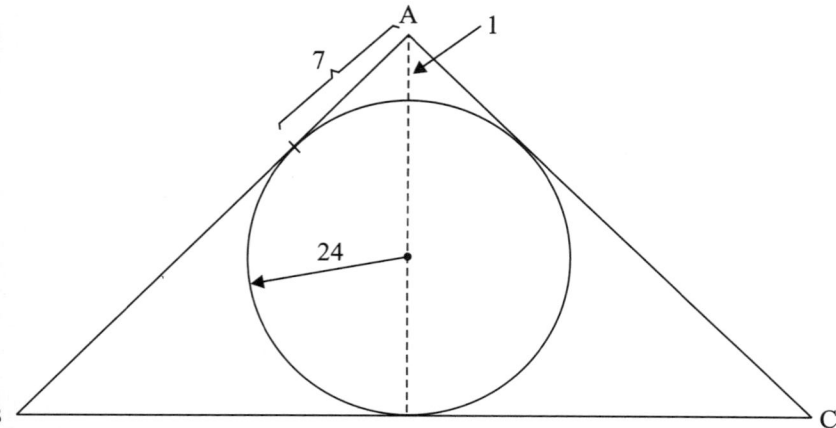

21 Calcule x nos casos abaixo:

a.
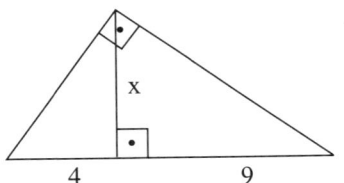

b.
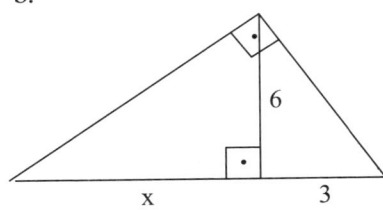

22 Expresse x em função de y e z.
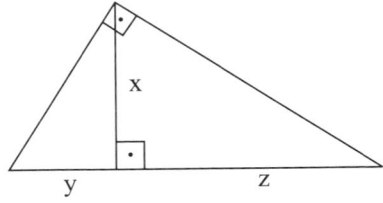

23 Calcule x na figura abaixo:
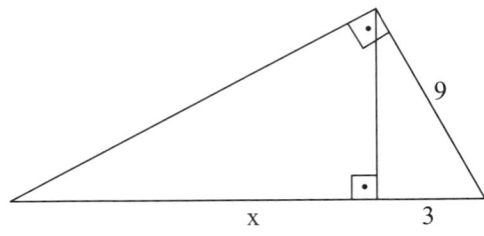

24 Na figura abaixo tem-se AB = BC = CD = DE = EF e $\overline{BG}$ // $\overline{CH}$ // $\overline{DI}$ // $\overline{EJ}$ // $\overline{FL}$. Calcule a soma das medidas desses segmentos paralelos.

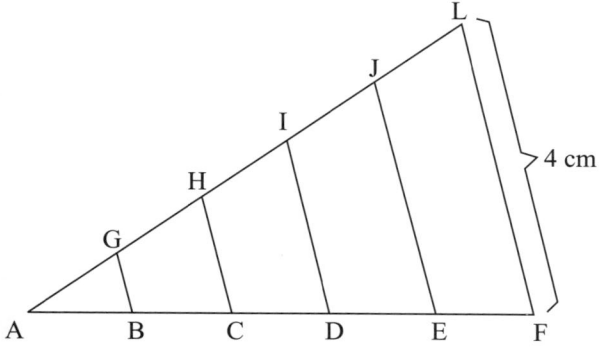

25 A figura mostra um quadrado de lado 12 cm e outro de lado 4 cm. Calcule x.

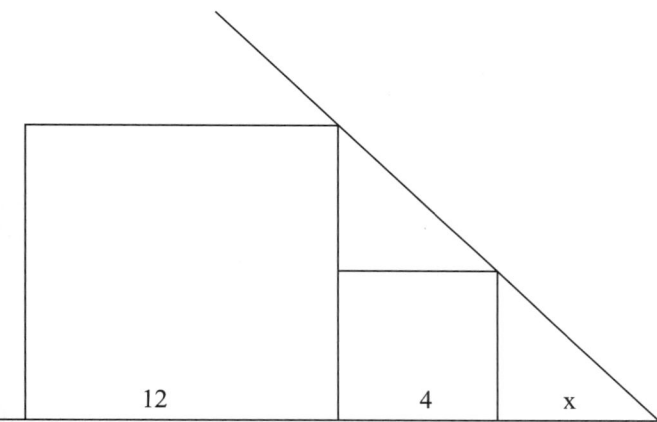

26 A figura mostra três quadrados. Calcule o lado menor.

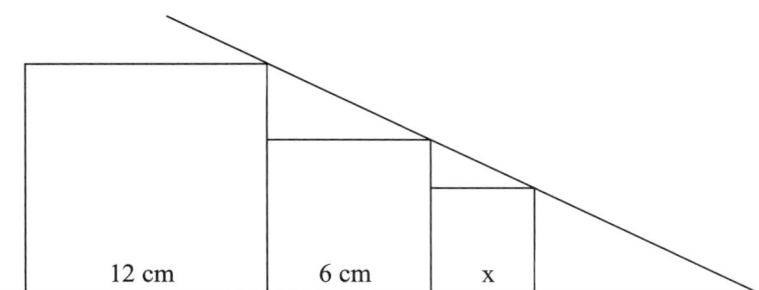

27 Na figura abaixo, ABCD é trapézio, BCD é triângulo isósceles de base CD = 36 cm e $A\hat{D}B = B\hat{C}D$. Calcule a medida da base AB.

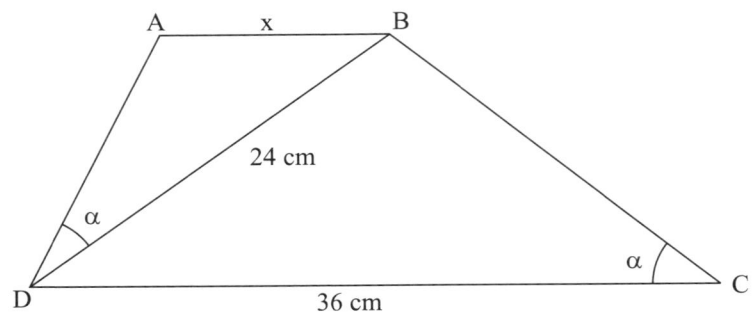

28 As bases de um trapézio ABCD medem 50 cm e 30 cm, e a altura 10 cm. Prolongam-se os lados não paralelos que se interceptam num ponto E. Determine a altura EF do triângulo ABE e a altura EG do triângulo CDE (vide figura).

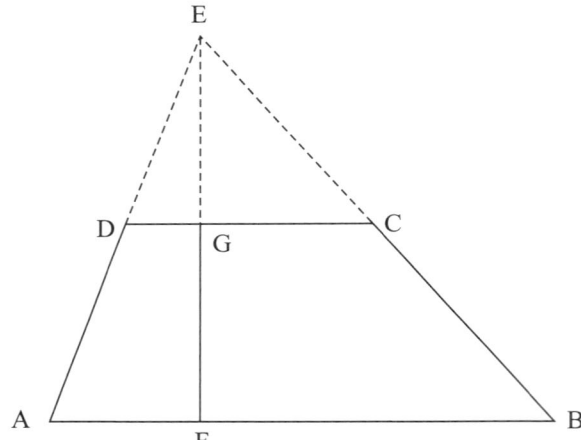

29 Determine os valores de x e y na figura:

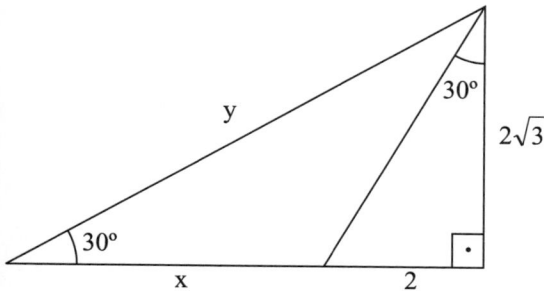

30 Calcule x e y.

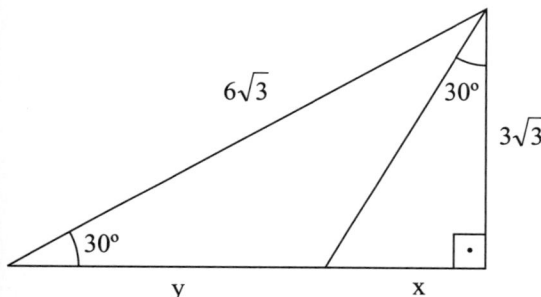

31 Dados $\overline{DE} \mathbin{/\mkern-6mu/} \overline{BC} \mathbin{/\mkern-6mu/}$, $\overline{FE} \mathbin{/\mkern-6mu/} \overline{DC}$, AF = 4 cm e FD = 6 cm. Calcule DB.

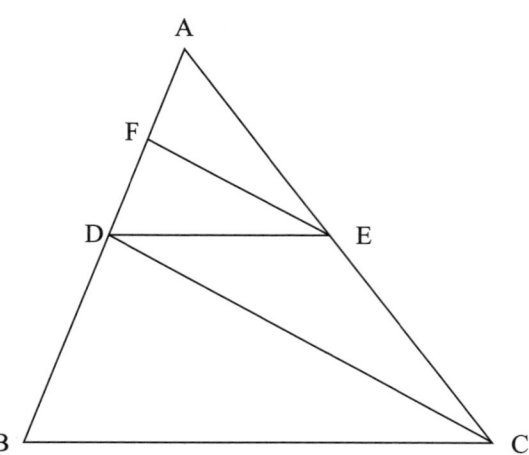

32 Determine o valor de x na figura abaixo:

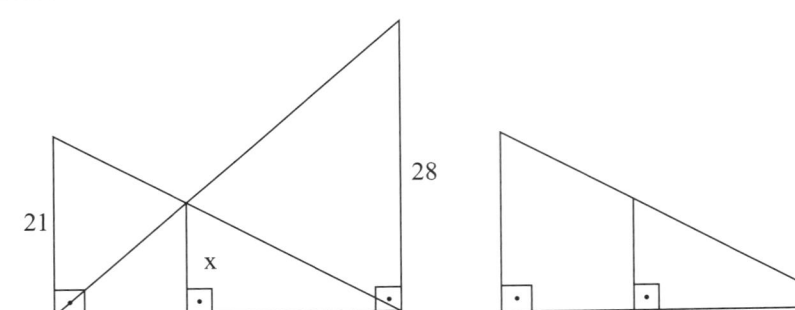 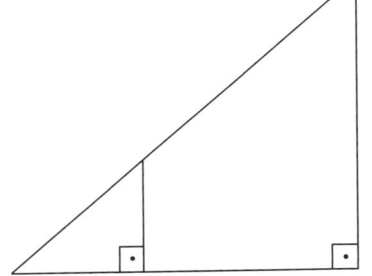

33 Na figura abaixo, tem-se $\overline{AB} \parallel \overline{CD} \parallel \overline{EF}$. Expresse **x** em função de **a** e **b**.

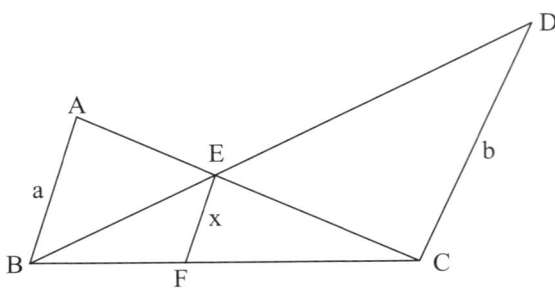

34 O segmento $\overline{PQ}$ abaixo é paralelo às bases do trapézio ABCD. Calcule a medida de PQ.

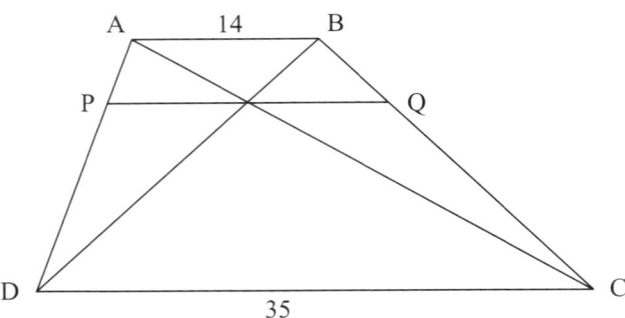

III RELAÇÕES MÉTRICAS NO TRIÂNGULO RETÂNGULO

A) DEDUÇÃO DAS RELAÇÕES MÉTRICAS

1) Considere o triângulo ABC, retângulo em A, e seus ângulos agudos $\hat{B}$ e $\hat{C}$, como na figura ao lado.

Tem-se $\hat{A} + \hat{B} + \hat{C} = 180° \Rightarrow \hat{B} + \hat{C} = 90°$.

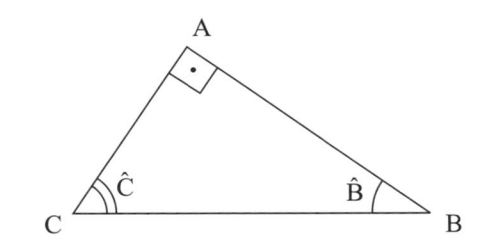

2) Seja $\overline{AH}$ a altura relativa à hipotenusa, que determina mais dois triângulos retângulos: ACH e ABH. Então:

No $\triangle ACH$: $x + 90° + \hat{C} = 180° \Rightarrow x + \hat{C} = 90° \Rightarrow x = \hat{B}$

No vértice A: $x + y = 90° \Rightarrow \hat{B} + y = 90° \Rightarrow y = \hat{C}$

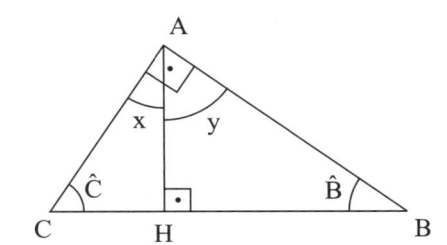

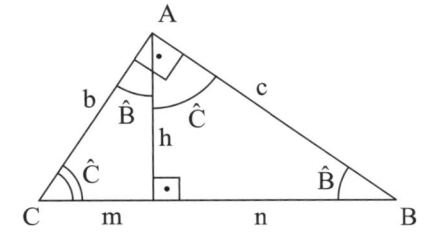

3) Como os três triângulos obtidos têm os ângulos iguais, eles são semelhantes, pelo critério ângulo-ângulo.

Então, tem-se:

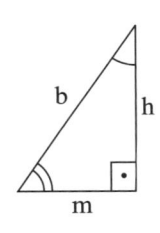

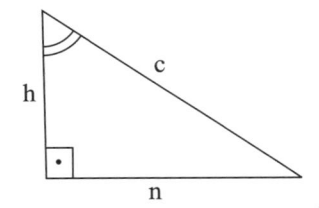

$$\Rightarrow \frac{b}{c} = \frac{h}{n} = \frac{m}{h} \Rightarrow \boxed{h^2 = m.n}$$

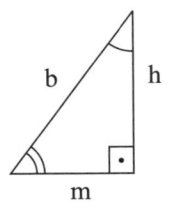

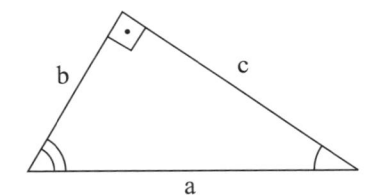

$$\Rightarrow \frac{b}{a} = \frac{h}{c} = \frac{m}{b} \Rightarrow \begin{cases} \boxed{b^2 = ma} \\ \boxed{bc = ah} \end{cases}$$

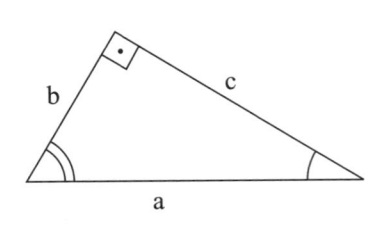

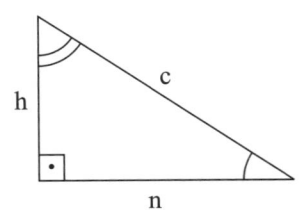

$$\Rightarrow \frac{a}{c} = \frac{b}{h} = \frac{c}{n} \Rightarrow \boxed{c^2 = na}$$

Poderíamos ter deduzido várias outras relações, mas as que foram destacadas são as mais importantes. Então, se num triângulo retângulo, a altura **h** relativa a hipotenusa é traçada, determinando as projeções **m** e **n** dos catetos **b** e **c**, respectivamente, tem-se:

1) $\boxed{h^2 = m\,n}$ o quadrado da altura é igual ao produto das projeções

2) $\boxed{b^2 = m\,a}$ o quadrado de cada cateto é igual ao produto de sua projeção (sobre a hipotenusa) pela hipotenusa.

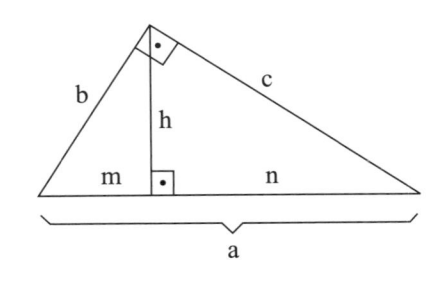

3) $\boxed{bc = ah}$ o produto dos catetos é igual ao produto da hipotenusa pela altura.

B) TEOREMA DE PITÁGORAS

Tomemos as relações $b^2 = ma$ e $c^2 = na$. Somando-as membro a membro, obtém-se:

$$b^2 + c^2 = ma + na$$

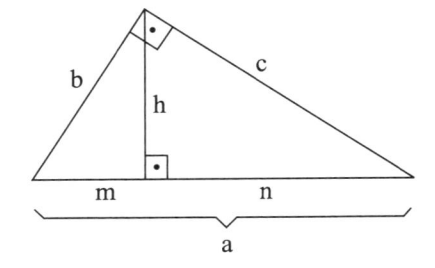

ou $\quad b^2 + c^2 = a(m + n)$

isto é, $\quad b^2 + c^2 = a \cdot a$, ou seja, $\boxed{a^2 = b^2 + c^2}$

$a^2 = b^2 + c^2$

Esta relação é conhecida como **Teorema de Pitágoras**.

Resumindo:

$\boxed{h^2 = mn}$ $\boxed{b^2 = ma}$ $\boxed{c^2 = na}$ $\boxed{bc = ah}$

$\boxed{a^2 = b^2 + c^2}$ $\boxed{b^2 = h^2 + m^2}$ $\boxed{c^2 = h^2 + n^2}$

C) APLICAÇÕES DO TEOREMA DE PITÁGORAS

C1 – Diagonal de Quadrado

$\boxed{\text{A diagonal de um quadrado de lado } \mathbf{a} \text{ é igual a } \mathbf{a\sqrt{2}}.}$

Demonstração: $d^2 = a^2 + a^2$

$d^2 = 2a^2$

$\sqrt{d^2} = \sqrt{2a^2} \Rightarrow d = a\sqrt{2}$

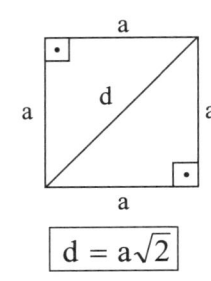

$\boxed{d = a\sqrt{2}}$

C2 – Altura de Triângulo Equilátero

A altura de um triângulo equilátero de lado **a** é igual a $\dfrac{a\sqrt{3}}{2}$.

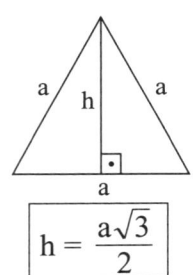

$\boxed{h = \dfrac{a\sqrt{3}}{2}}$

Demonstração: como a altura do triângulo equilátero também é mediana, tem-se:

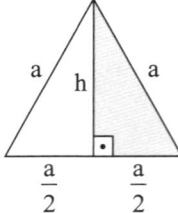

$$h^2 + \left(\dfrac{a}{2}\right)^2 = a^2 \Rightarrow h^2 + \dfrac{a^2}{4} = a^2 \Rightarrow 4h^2 + a^2 = 4a^2 \Rightarrow$$

$$\Rightarrow 4h^2 = 3a^2 \Rightarrow h^2 = \dfrac{3a^2}{4} \Rightarrow \boxed{h = \dfrac{a\sqrt{3}}{2}}$$

EXERCÍCIOS RESOLVIDOS

Resolvido $\boxed{18}$ Determine as incógnitas da figura.

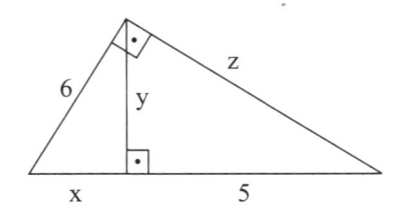

Solução:

1) $6^2 = x(x+5) \Rightarrow x^2 + 5x - 36 = 0$

$(x+9)(x-4) = 0 \Rightarrow \boxed{x = 4}$

2) $y^2 = x \cdot 5 \Rightarrow y^2 = 4 \cdot 5 \Rightarrow \boxed{y = 2\sqrt{5}}$

3) $z^2 = 5 \cdot (5 + x) \Rightarrow z^2 = 5 \cdot 9 \Rightarrow \boxed{z = 3\sqrt{5}}$

Resposta: $x = 4$, $y = 2\sqrt{5}$, $z = 3\sqrt{5}$

Geometria Plana - 9º ano — Relações Métricas no Triângulo Retângulo

Resolvido 19 Determine x.

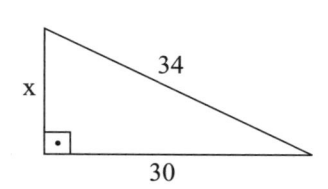

Solução:

$x^2 + 30^2 = 34^2$

$x^2 = 34^2 - 30^2$

$x^2 = (34 + 30)(34 - 30)$

$x^2 = 64 \cdot 4 \Rightarrow x = 8 \cdot 2 \Rightarrow \boxed{x = 16}$

Resposta: 16

Resolvido 20 Calcule x na figura abaixo.

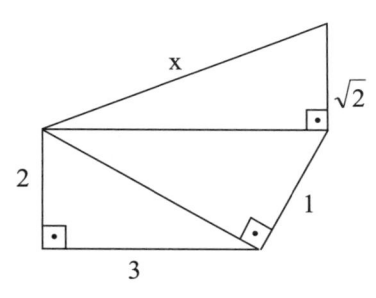

Solução:

1) $y^2 = 2^2 + 3^2$
   $y^2 = 4 + 9$
   $y^2 = 13$

2) $z^2 = y^2 + 1$
   $z^2 = 13 + 1$
   $z^2 = 14$

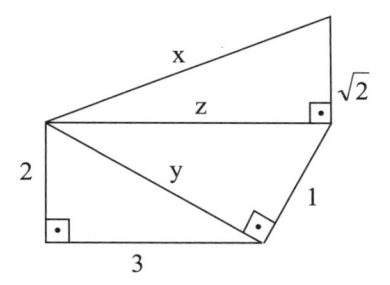

3) $x^2 = z^2 + (\sqrt{2})^2$
   $x^2 = 14 + 2$
   $\boxed{x = 4}$

Resposta: 4

Resolvido 21 Calcule o lado oblíquo do trapézio abaixo:

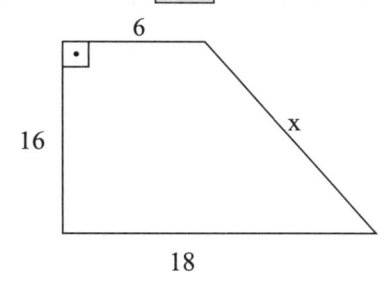

Solução:

Por Pitágoras:

$x^2 = 12^2 + 16^2$

$x^2 = 144 + 256$

$x^2 = 400 \Rightarrow \boxed{x = 20}$

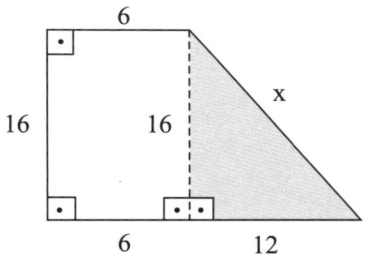

Resposta: 20

Resolvido 22 Calcule x na figura abaixo:

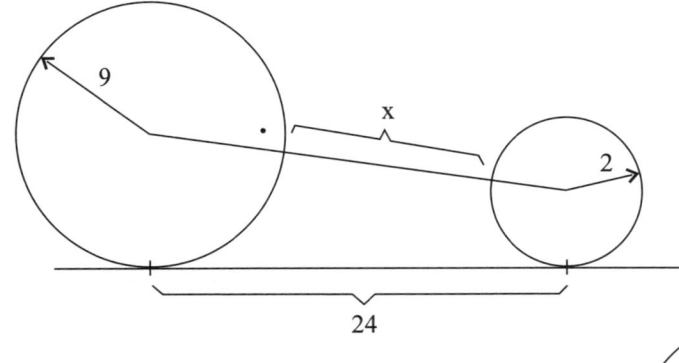

Solução:

De acordo com as medidas indicadas e por Pitágoras no triângulo sombreado, tem-se:

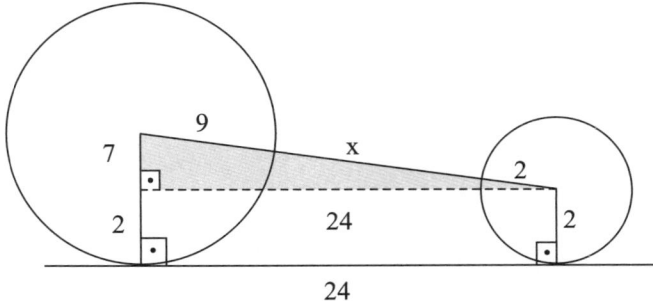

35

$(9 + x + 2)^2 = 7^2 + 24^2$

$(11 + x)^2 = 49 + 576 \Rightarrow (x + 11)^2 = 625$

$\Rightarrow x + 11 = 25 \qquad$ ou $\qquad x + 11 = -25$
$\qquad x = 14 \qquad\qquad\qquad\qquad x = -36$ (impossível)

Resposta: 14

Resolvido $\boxed{23}$ O perímetro do quadrilátero abaixo é 32 cm. Calcule sua altura:

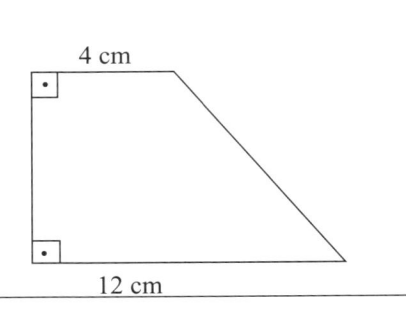

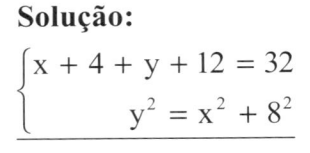

Solução:

$\begin{cases} x + 4 + y + 12 = 32 \\ y^2 = x^2 + 8^2 \end{cases}$

$\begin{cases} x + y = 16 \\ y^2 = x^2 + 64 \end{cases}$

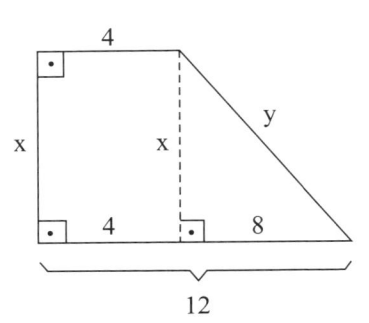

$\begin{cases} y = 16 - x \\ y^2 = x^2 + 64 \end{cases} \Rightarrow (16 - x)^2 = x^2 + 64 \Rightarrow 256 - 32x + x^2 = x^2 + 64$

$-32x = -192 \Rightarrow \boxed{x = 6}$

Resposta: 6 cm

Resolvido $\boxed{24}$ Calcule x na figura abaixo:

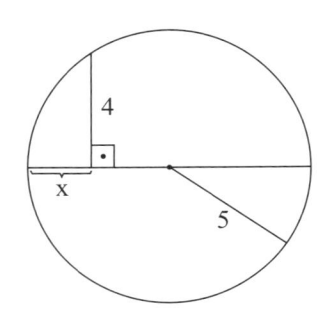

Solução:

1º modo

$(5 - x)^2 + 4^2 = 5^2$
$(5 - x)^2 = 9$
$5 - x = 3 \qquad$ ou $\qquad 5 - x = -3$
$x = 2 \qquad\qquad\qquad x = 8$ (não convém, pois x < 5)

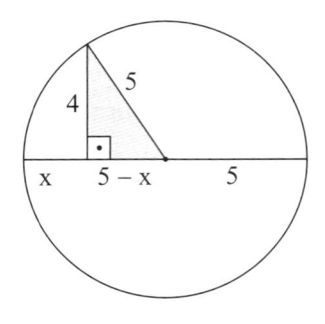

2º modo

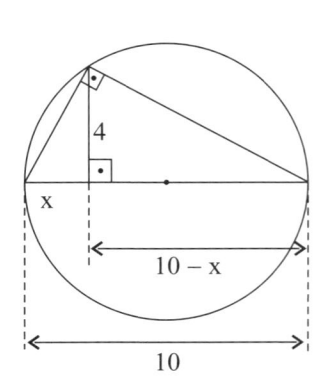

Lembrando que o triângulo inscrito na circunferência e que tem um lado como diâmetro é retângulo, pode-se utilizar relações métricas:

$4^2 = x(10 - x) \Leftrightarrow 16 = x(10 - x) \Rightarrow 16 = 10x - x^2$

$\Leftrightarrow x^2 - 10x + 16 = 0 \Leftrightarrow (x - 8)(x - 2) = 0$

Portanto, $\quad x - 8 = 0 \qquad$ ou $\qquad x - 2 = 0$
$\qquad\qquad\quad x = 8 \qquad\qquad\qquad \boxed{x = 2}$
(não convém, pois x < 5)

Resposta: 2

Geometria Plana - 9º ano — Relações Métricas no Triângulo Retângulo

EXERCÍCIOS PROPOSTOS

35 Determine as incógnitas em cada caso abaixo:

a.

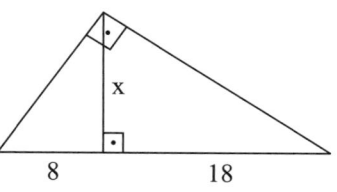

b.

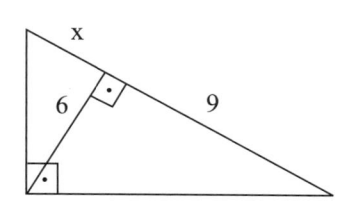

c.

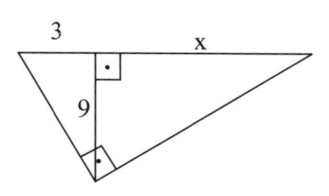

d.

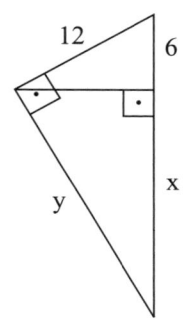

e.

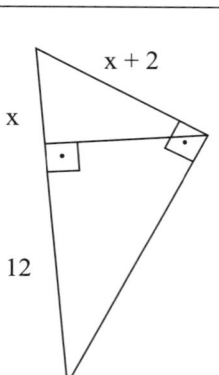

f.

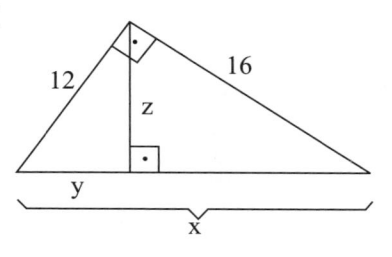

g.

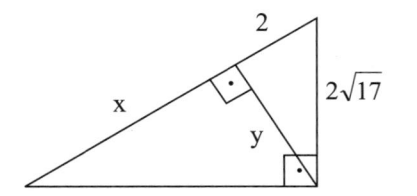

h.

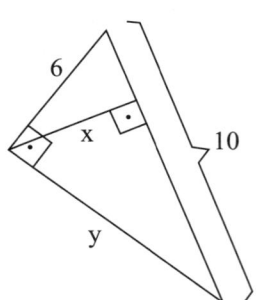

i.

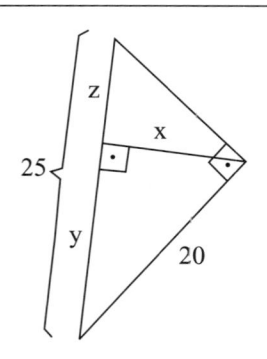

36 Determine o valor das incógnitas em cada caso:

a.

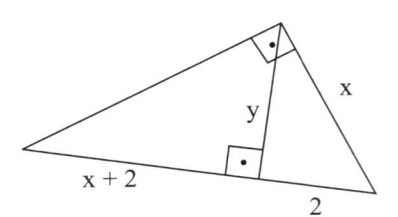

b.

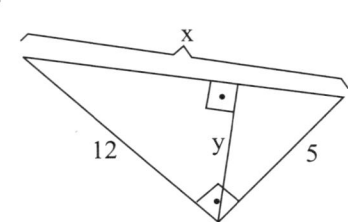

c.

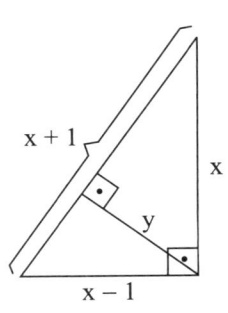

d.

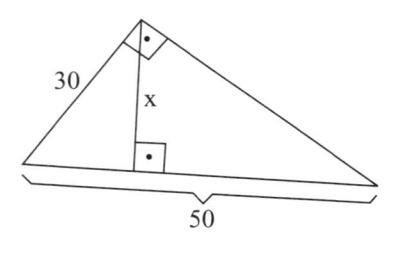

e.

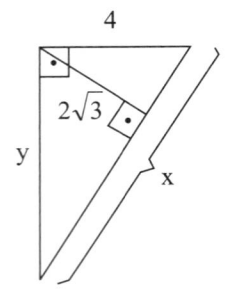

f.

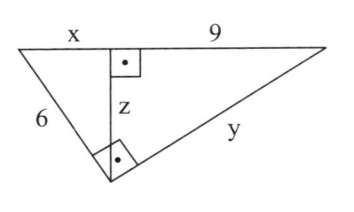

g.

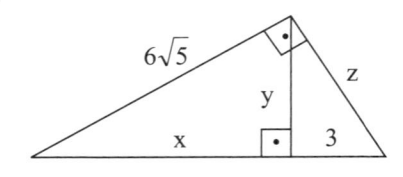

h.

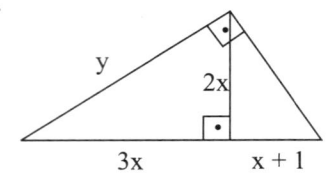

i.

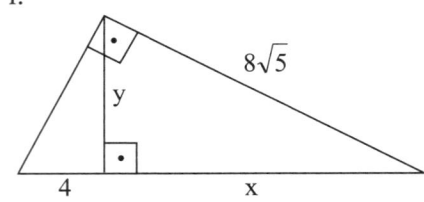

Geometria Plana - 9º ano — Relações Métricas no Triângulo Retângulo

37 Determine x nas figuras abaixo:

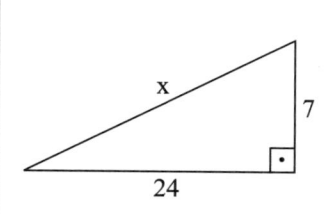

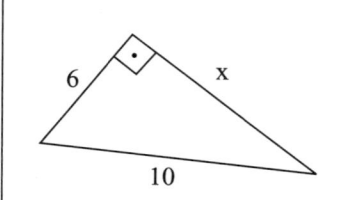

a.
Triângulo retângulo com catetos x e 4, hipotenusa 5.

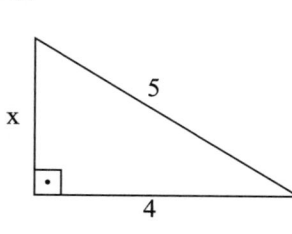

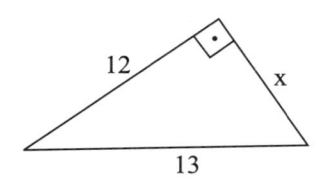

b.
Triângulo retângulo com cateto 24, cateto 7, hipotenusa x.

c.
Triângulo retângulo (ângulo reto no vértice superior) com catetos 6 e x, hipotenusa 10.

d.
Triângulo retângulo com catetos 12 e x, hipotenusa 13.

e.
Triângulo retângulo com catetos x e 3, hipotenusa 6.

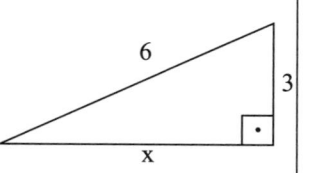

f.
Triângulo retângulo com catetos x e 12, hipotenusa 20.

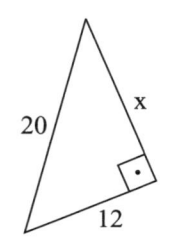

g.
Triângulo retângulo com catetos 8 e x, hipotenusa 15.

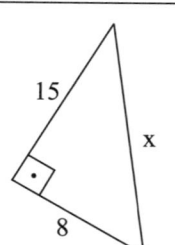

h.
Triângulo retângulo com catetos x e 9, hipotenusa 41.

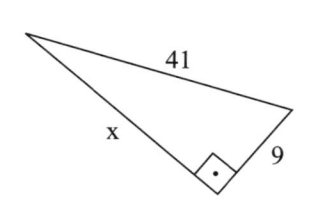

i.
Triângulo com altura relativa à hipotenusa; projeções x e $x-1$, hipotenusa $x+1$.

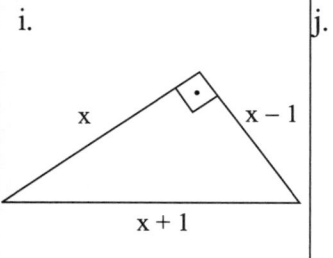

j.
Triângulo retângulo com catetos $x+2$ e x, hipotenusa $x-2$.

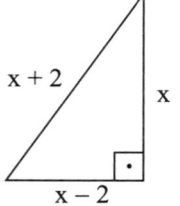

l.
Triângulo retângulo com catetos x e x, hipotenusa $4\sqrt{2}$.

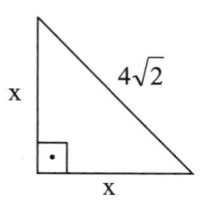

m.
Triângulo retângulo com catetos $x+20$ e 10, hipotenusa $x+18$.

39

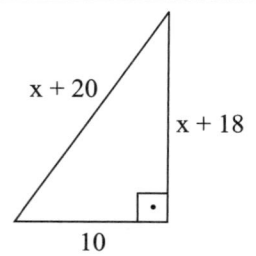

38 Determine x nas figuras abaixo:

a.

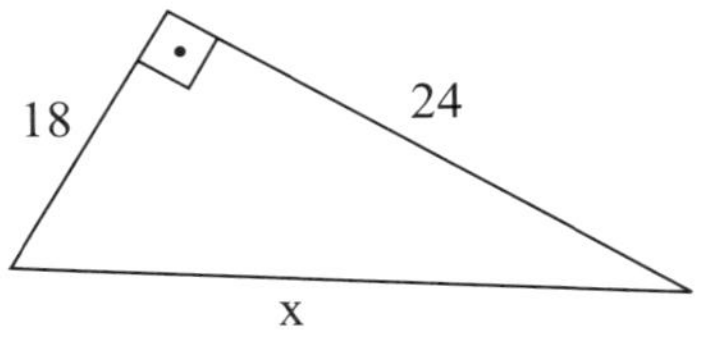

b.

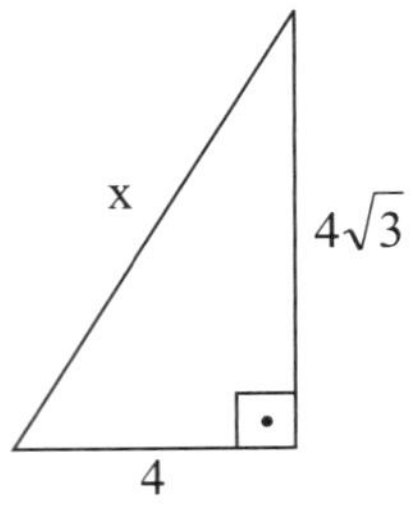

c.

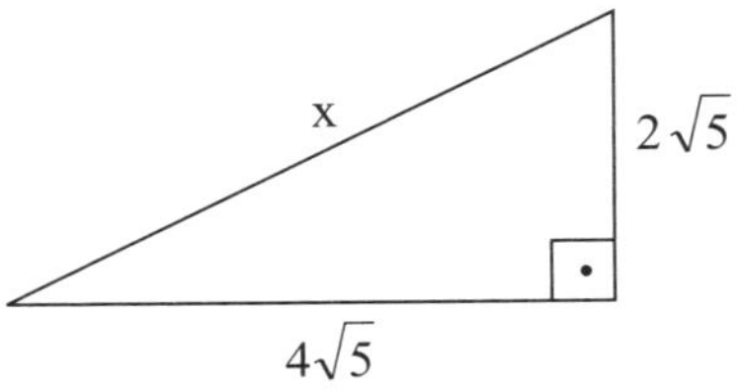

d.

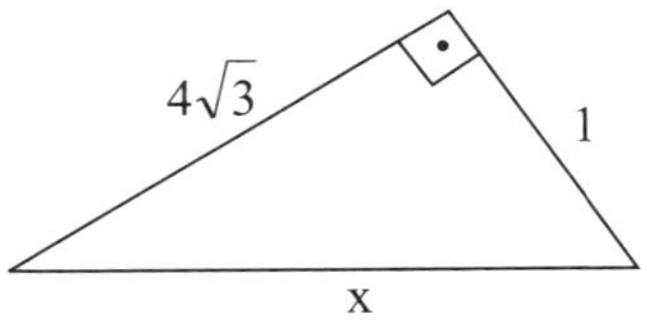

e.

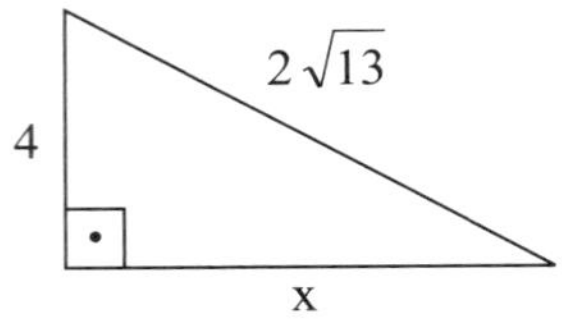

f.

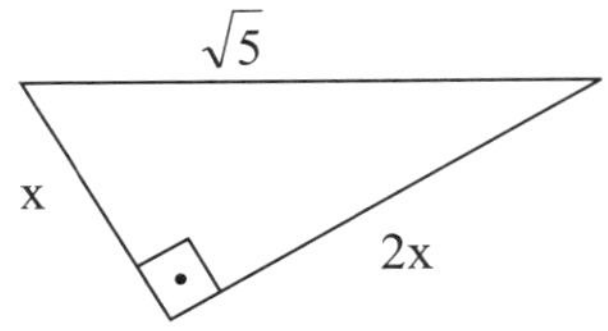

g.

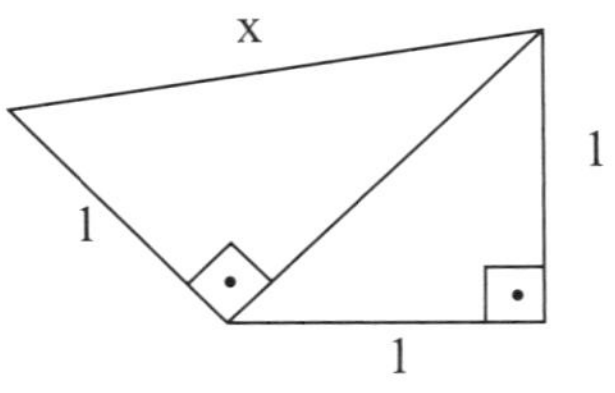

h.

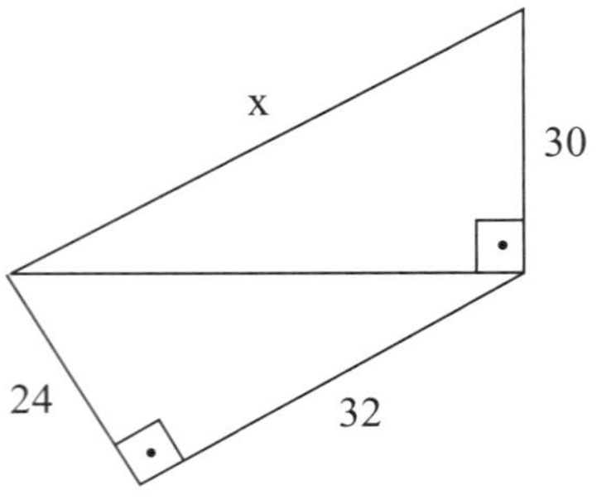

i.

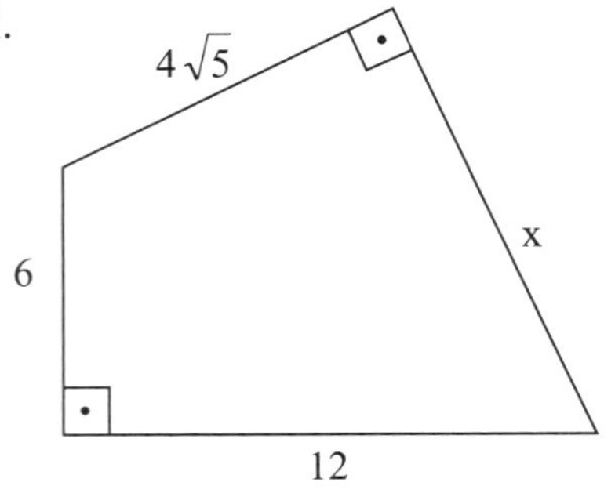

Geometria Plana - 9º ano

Relações Métricas no Triângulo Retângulo

39 Determine o valor de x nos casos abaixo:

a. [10, x, 13]

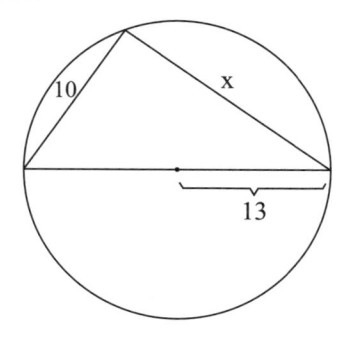

b. [5, 2, x]

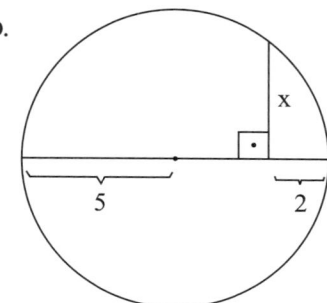

c. [24, 18, x]

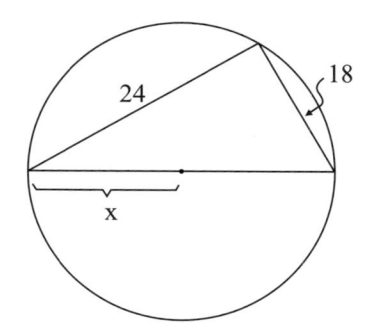

d. [x, $2\sqrt{19}$, 16, 12]

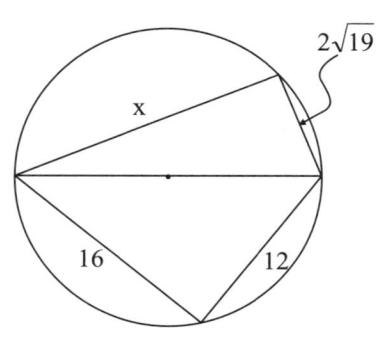

e. [x, $4\sqrt{3}$, 60°]

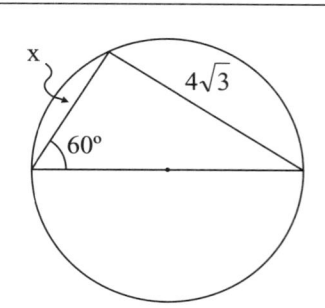

f. [3, 9, x]

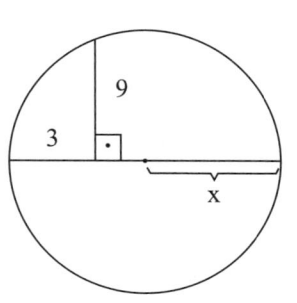

g. [15, 12, x]

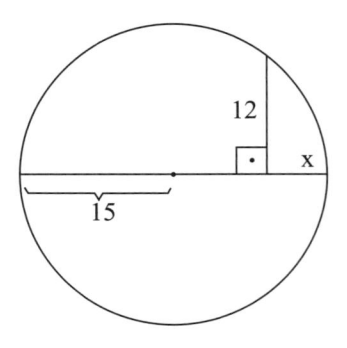

h. [x, 18, 24]

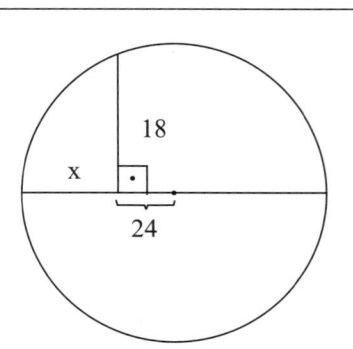

i. [x, 12, 4]

41

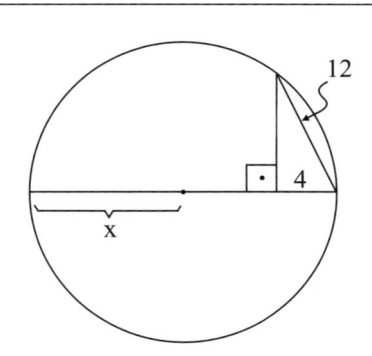

40 Determine a altura do trapézio nos casos:

a. [trapézio com lados 4, 17, 19 e ângulo reto]

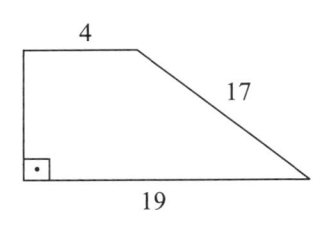

b. [trapézio isósceles com base menor 4, lados 10 e 10, base maior 16]

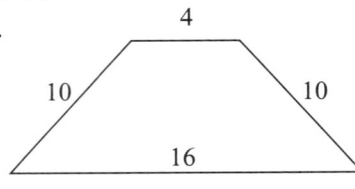

c. [trapézio com base superior 6, ângulo reto, lado x+4, base inferior 13, lado x+5]

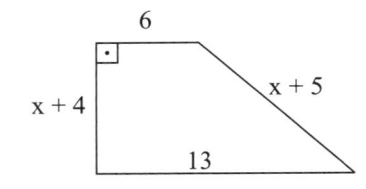

41 Determine x nos casos abaixo:

a. [dois círculos tangentes externamente e tangentes a uma reta, raios 18 e 8, distância entre pontos de tangência = x]

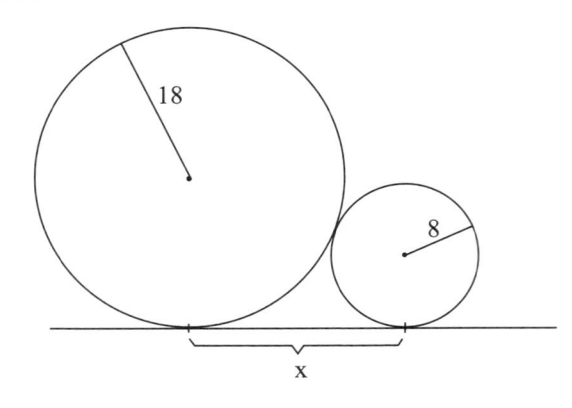

b. [dois círculos tangentes externamente e tangentes a uma reta, raios x e 12, distância entre pontos de tangência = 36]

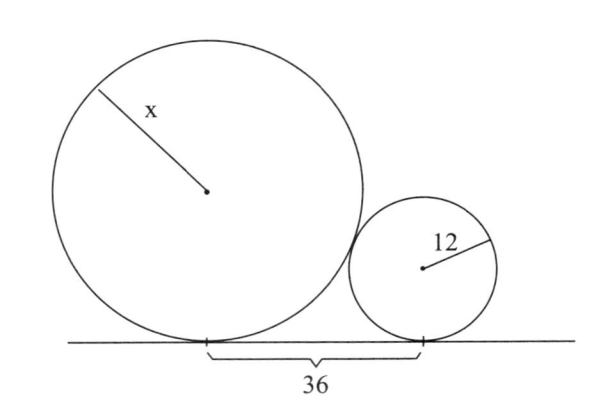

c. AB = 20 cm ; PQ = x

[dois círculos de raios 8 cm (centro A) e 4 cm (centro B), com reta tangente externa comum passando por P e Q, PQ = x]

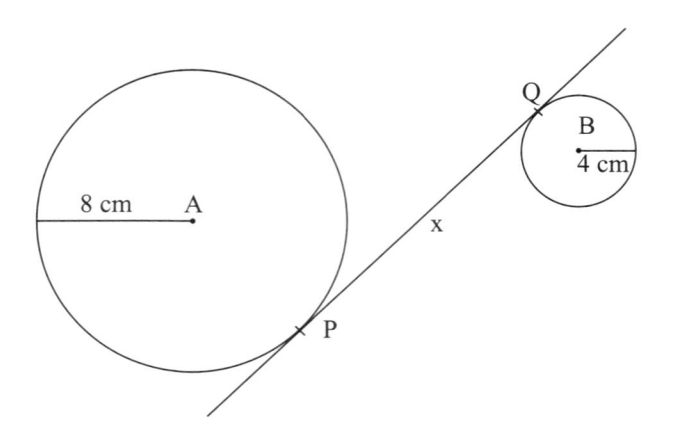

42 Determine x nos casos abaixo:

a.

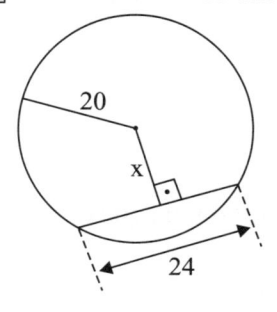

b.

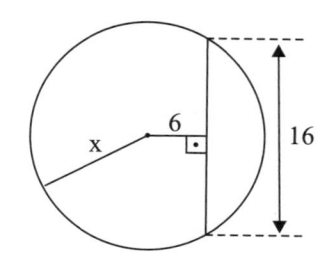

c.

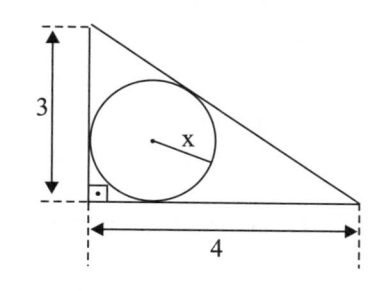

43 Determine o raio dos círculos nos casos abaixo:

a. ABCD é losango ; AC = 80 cm ; BD = 60 cm.

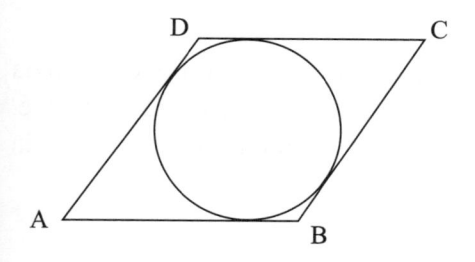

b. AB = AC ; AH = 18 cm.

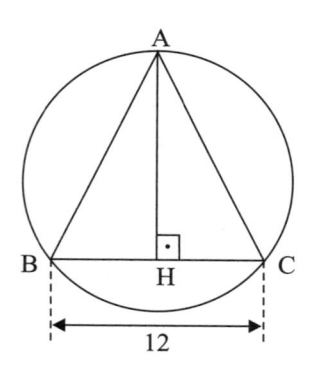

c. ABCD é trapézio ; AB = 24 cm ; CD = 8 cm.

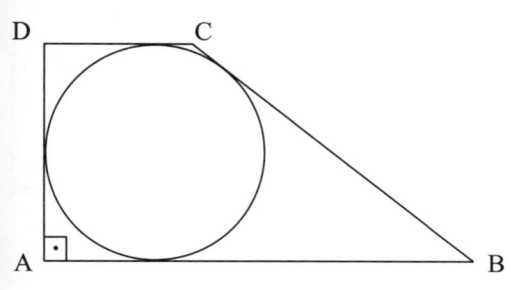

44 Determine a altura de um triângulo retângulo no caso em que:

a. As projeções dos catetos sobre a hipotenusa medem 6 m e 24 m.

b. Os catetos medem 6 m e 8 m.

c. A hipotenusa mede 26 m e um cateto mede 24 m.

d. O produto e a soma dos catetos são respectivamente, 120 m² e 23 m.

45 Uma circunferência tem raio de 25 cm. Quanto mede uma corda desta circunferência que dista 7 cm do centro?

46 Traça-se um segmento PT de 6 cm, tangente em T à uma circunferência de raio 8 cm. Quanto é a distância de P até à circunferência?

47 Um ponto P, externo de uma circunferência de raio 12 cm, dista 20 cm do centro dela. Quanto mede o segmento tangente à circunferência traçado à partir deste ponto?

48 Qual o comprimento do segmento tangente comum à duas circunferências tangentes externamente e de raios de 9 cm e 16 cm?

49 Qual o raio de uma circunferência que está inscrita em um triângulo retângulo de catetos 12 e 16?

50 As bases de um trapézio retângulo medem 6 m e 30 m. Determine o raio da circunferência nele inscrita.

51 Quanto mede o raio de uma circunferência inscrita em um losango cujas diagonais medem 30 cm e 40 cm?

52 Duas circunferências são tangentes internamente e o raio de uma é cinco vezes maior que o raio da outra. Qual é o menor valor inteiro possível para uma corda da circunferência maior que é, simultaneamente, perpendicular a um diâmetro da circunferência maior e tangente à circunferência menor?

53 Determine o raio da circunferência menor na figura abaixo, nos casos:

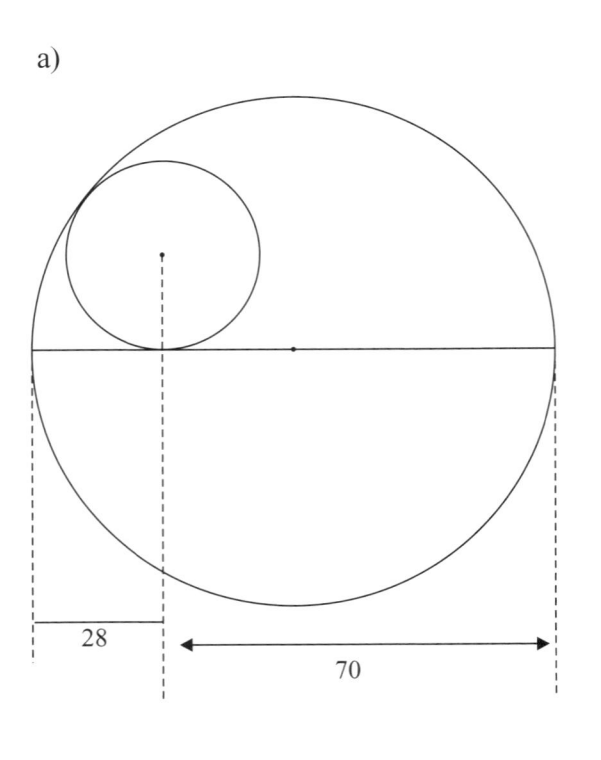

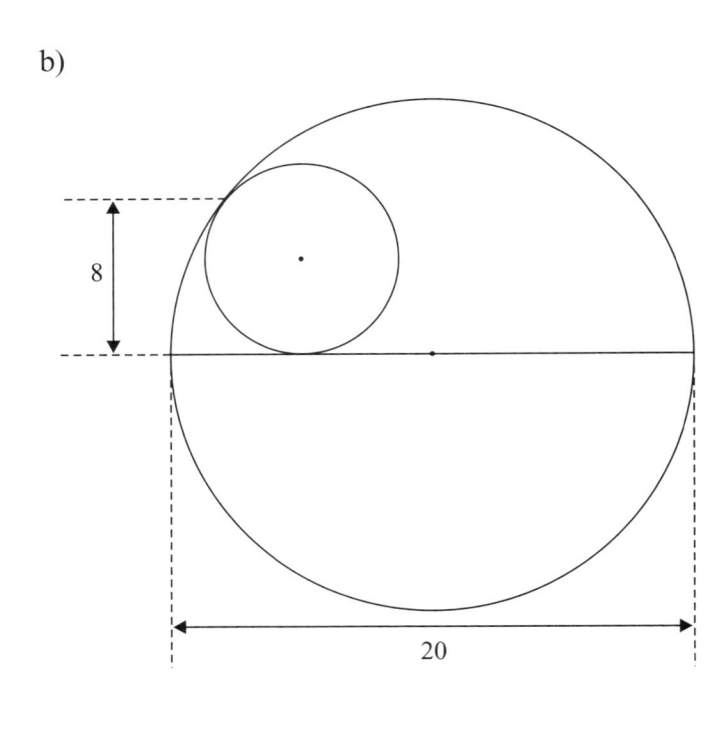

a)

b)

IV RELAÇÕES MÉTRICAS NO CÍRCULO

A) DUAS CORDAS

T11 Se duas cordas de uma circunferência têm um ponto em comum entre as extremidades, então, o produto dos segmentos obtidos em uma é igual ao produto dos segmentos obtidos na outra.

$$ab = xy$$

Demonstração: na figura ao lado os ângulos assinalados com marcas iguais têm mesma medida, um par por ser o.p.v e o outro por ser inscrito e determinarem o mesmo arco.
Então os triângulos assim determinados são semelhantes.

Logo, $\dfrac{a}{y} = \dfrac{x}{b} \Rightarrow ab = xy$

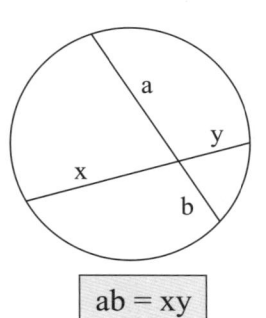

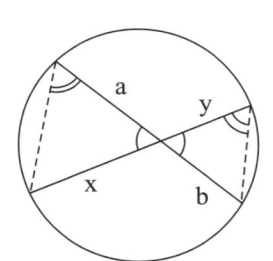

B) DUAS SECANTES

T12 Se de um ponto externo conduz-se dois segmentos secantes a uma circunferência, o produto de um deles pela sua parte externa é igual ao produto do outro pela sua parte externa.

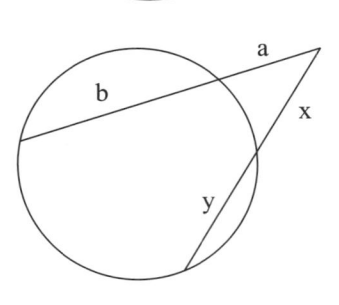

$$a(a + b) = x(x + y)$$

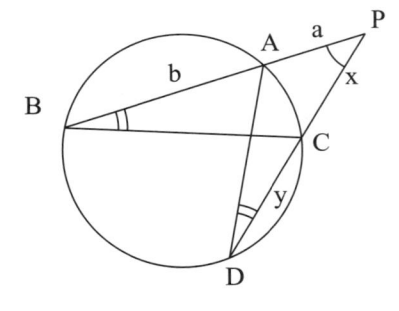

Demonstração:

$\hat{B} = \hat{D}$ (inscritos que subentendem o arco $\widehat{AC}$)

$\hat{P}$ é comum

Logo, $\triangle PBC \sim \triangle PDA$. Daí

$\dfrac{PB}{PD} = \dfrac{PC}{PA} \Rightarrow \dfrac{a+b}{x+y} = \dfrac{x}{a} \Rightarrow a(a+b) = x(x+y)$

C) UMA TANGENTE E UMA SECANTE

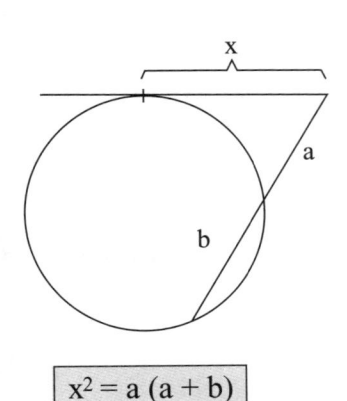

T13 Se de um ponto externo a uma circunferência conduz-se uma reta tangente e outra secante a circunferência, então o quadrado do segmento tangente à circunferência é igual ao produto do segmento secante pela parte dele que é externa a circunferência.

$$x^2 = a(a+b)$$

Demonstração:

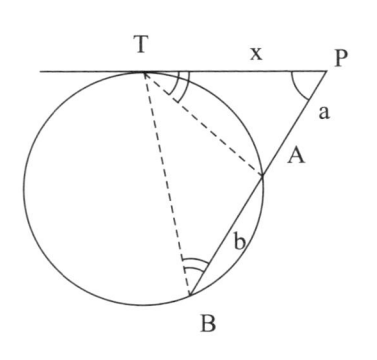

PTÂA é ângulo de segmento $\Rightarrow$ $P\hat{T}A = \dfrac{\widehat{TA}}{2}$

PB̂T é ângulo inscrito $\Rightarrow$ $P\hat{B}T = \dfrac{\widehat{TA}}{2}$

$\left.\begin{array}{l}\text{Logo , } P\hat{T}A = P\hat{B}T \\ T\hat{P}A \text{ é comum}\end{array}\right\} \Rightarrow \Delta PAT \sim \Delta PTB \Rightarrow$

$\Rightarrow \dfrac{PT}{PA} = \dfrac{PB}{PT} \Rightarrow \dfrac{x}{a} = \dfrac{a+b}{x} \Rightarrow x^2 = a(a+b)$

EXERCÍCIO RESOLVIDO

Resolvido 25 Calcule x na figura abaixo.

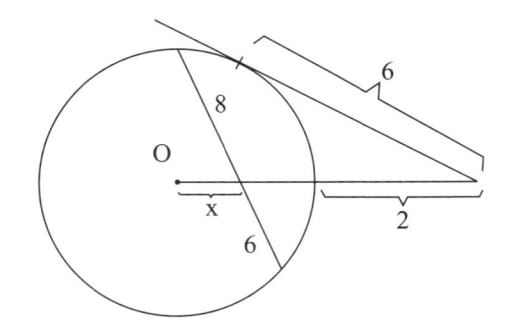

Solução:

1) Rel. métrica: $6^2 = 2 \cdot (2 + 2R)$
    $R = 8$

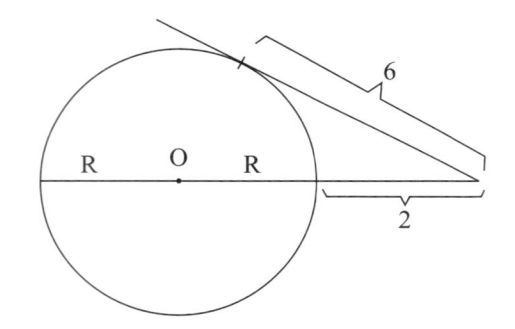

2) Rel. métrica:
$(8 + x)(8 - x) = 6 \cdot 8$
$64 - x^2 = 48$
$\quad x^2 = 16$
$\quad x = 4$

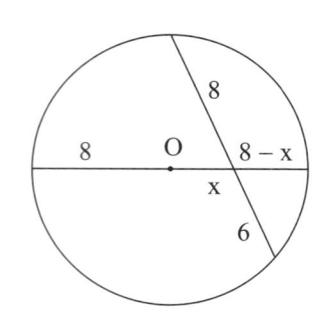

Resposta: 4

Geometria Plana - 9º ano — Relações Métricas no Círculo

EXERCÍCIO PROPOSTO

54 Determine o valor das incógnitas nos casos abaixo:

a.

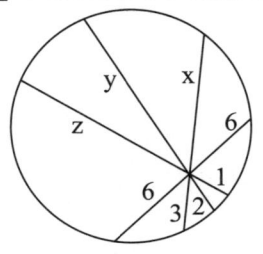

b.

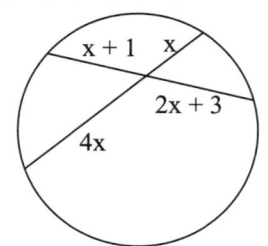

c.

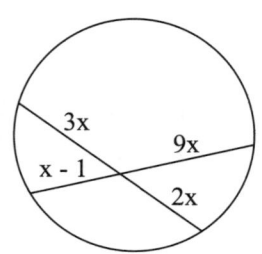

d.

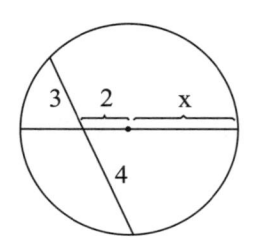

e.

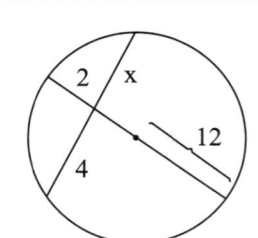

f.

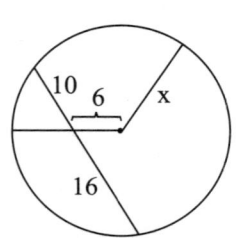

g.

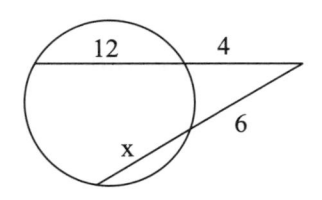

h.

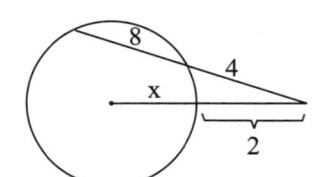

i.

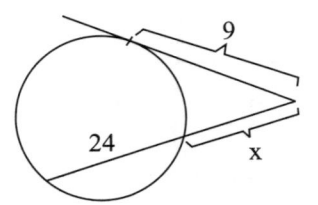

j.

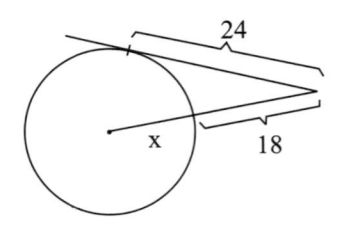

l.

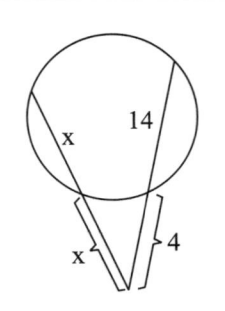

m.

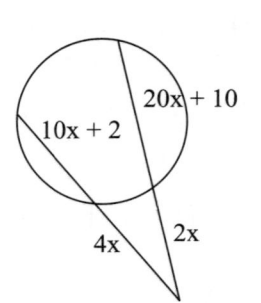

47

n.

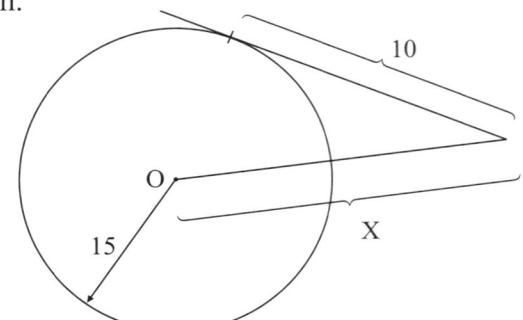

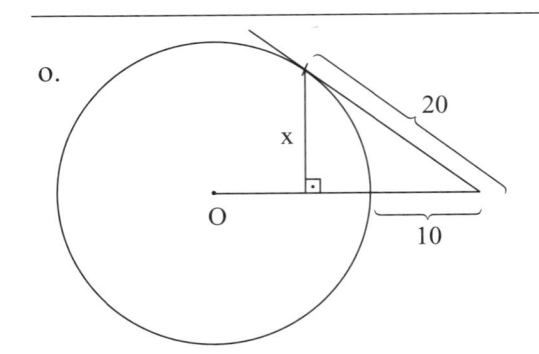

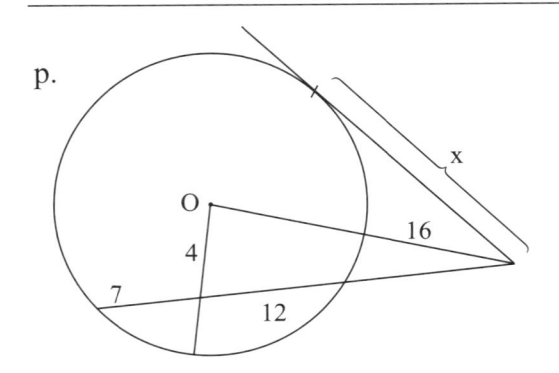

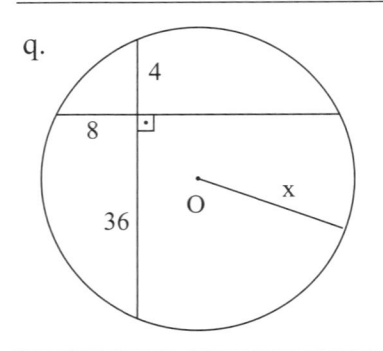

o.

p.

q.

r. AM = MB ; **O** e **P**: centros dos arcos

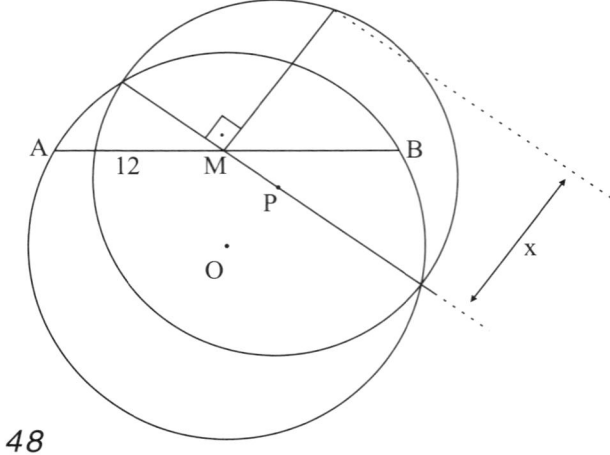

V TRIGONOMETRIA NO TRIÂNGULO RETÂNGULO

A) DEFINIÇÕES

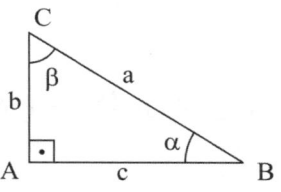

Seja ABC um triângulo retângulo em A e α (alfa) um de seus ângulos agudos. Definem-se as seguintes razões:

seno de α = sen α = $\dfrac{\text{cateto oposto a } \alpha}{\text{hipotenusa}} = \dfrac{b}{a}$ ou sen α = $\dfrac{b}{a}$

cosseno de α = cos α = $\dfrac{\text{cateto adjacente a } \alpha}{\text{hipotenusa}}$ ou cos α = $\dfrac{c}{a}$

tangente de α = tg α = $\dfrac{\text{cateto oposto a } \alpha}{\text{cateto adjacente a } \alpha}$ ou tg α = $\dfrac{b}{c}$

De modo análogo, pode-se definir seno, cosseno e tangente de β.

$\text{sen}\,\beta = \dfrac{c}{a}$, $\cos \beta = \dfrac{b}{a}$, $\text{tg}\,\beta = \dfrac{c}{b}$

B) VALORES NOTÁVEIS

Lembrando que a diagonal de um quadrado de lado **a** vale **a√2** e que a altura de um triângulo equilátero de lado **a** vale $\dfrac{a\sqrt{3}}{2}$, pode-se calcular os valores trigonométricos dos ângulos de 30°, 45° e 60°.

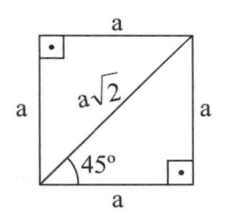

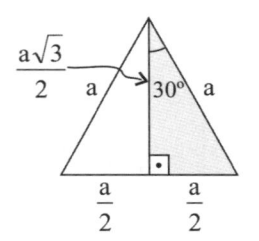

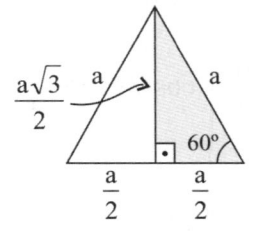

$\text{sen}\,45° = \dfrac{a}{a\sqrt{2}} = \dfrac{\sqrt{2}}{2}$ $\text{sen}\,30° = \dfrac{\frac{a}{2}}{a} = \dfrac{1}{2}$ $\text{sen}\,60° = \dfrac{\frac{a\sqrt{3}}{2}}{a} = \dfrac{\sqrt{3}}{2}$

$\cos 45° = \dfrac{a}{a\sqrt{2}} = \dfrac{\sqrt{2}}{2}$ $\cos 30° = \dfrac{\frac{a\sqrt{3}}{2}}{a} = \dfrac{\sqrt{3}}{2}$ $\cos 60° = \dfrac{\frac{a}{2}}{a} = \dfrac{1}{2}$

$\text{tg}\,45° = \dfrac{a}{a} = 1$ $\text{tg}\,30° = \dfrac{\frac{a}{2}}{\frac{a\sqrt{3}}{2}} = \dfrac{\sqrt{3}}{3}$ $\text{tg}\,60° = \dfrac{\frac{a\sqrt{3}}{2}}{\frac{a}{2}} = \sqrt{3}$

EXERCÍCIOS RESOLVIDOS

Resolvido 26 Determine as incógnitas abaixo:

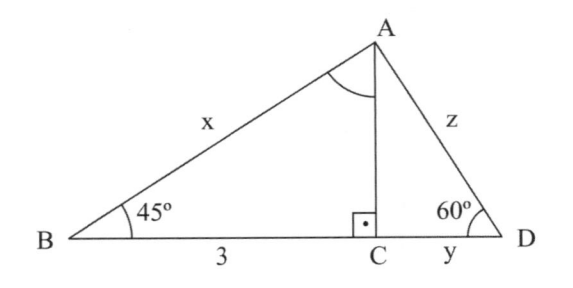

Solução:

1) ΔABC: $\dfrac{3}{x} = \cos 45°$

$\dfrac{3}{x} = \dfrac{\sqrt{2}}{2} \Rightarrow x = 3\sqrt{2}$

2) $\triangle ABC$: $\dfrac{AC}{3} = \text{tg}\,45° \Rightarrow \dfrac{AC}{3} = 1 \Rightarrow$ **AC = 3**

3) $\triangle ACD$: $\dfrac{AC}{y} = \text{tg}\,60° \Rightarrow \dfrac{3}{y} = \sqrt{3} \Rightarrow$ **y = $\sqrt{3}$**

4) $\triangle ACD$: $\dfrac{AC}{z} = \text{sen}\,60° \Rightarrow \dfrac{3}{z} = \dfrac{\sqrt{3}}{2} \Rightarrow$ **z = $2\sqrt{3}$**

Resposta: $x = 3\sqrt{2}$, $y = \sqrt{3}$, $z = 2\sqrt{3}$

Resolvido ⟦27⟧ ABCD é trapézio. Calcule x e y.

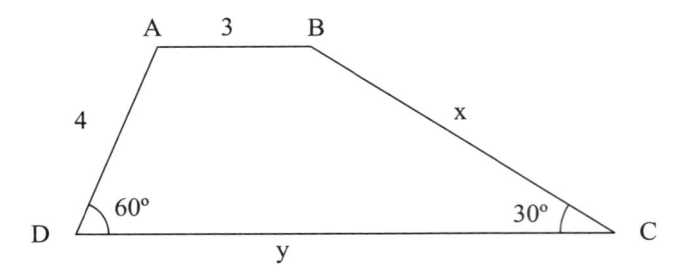

Solução:

1) **$\triangle ADE$**: $\dfrac{a}{4} = \text{sen}\,60° \Rightarrow \dfrac{a}{4} = \dfrac{\sqrt{3}}{2} \Rightarrow$ **a = $2\sqrt{3}$**

$\dfrac{b}{4} = \cos 60° \Rightarrow \dfrac{b}{4} = \dfrac{1}{2} \Rightarrow$ **b = 2**

2) $\triangle BCF$: $\dfrac{a}{c} = \text{tg}\,30° \Rightarrow \dfrac{2\sqrt{3}}{c} = \dfrac{\sqrt{3}}{3} \Rightarrow$ **c = 6**

$\dfrac{a}{x} = \text{sen}\,30° \Rightarrow \dfrac{2\sqrt{3}}{x} = \dfrac{1}{2} \Rightarrow \boxed{x = 4\sqrt{3}}$

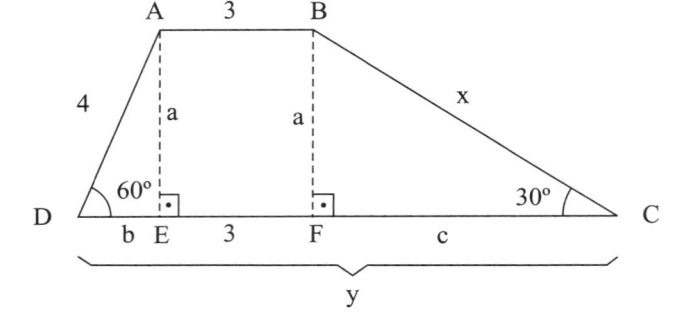

3) $y = b + 3 + c \Rightarrow y = 2 + 3 + 6 \Rightarrow \boxed{y = 11}$

Resposta: $x = 4\sqrt{3}$, $y = 11$

EXERCÍCIOS PROPOSTOS

55 Determine seno, cosseno e tangente de α nos casos:

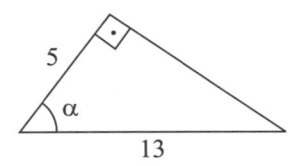

a. [triângulo retângulo com hipotenusa 5, cateto 3, ângulo α]

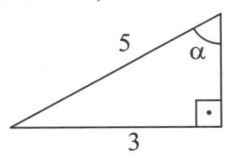

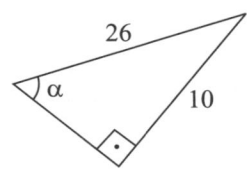

b. [triângulo retângulo com catetos 5 e 13, ângulo α]

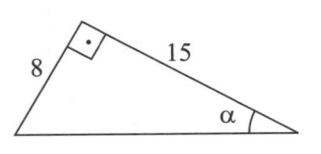

c. [triângulo retângulo com hipotenusa 26, cateto 10, ângulo α]

d. [triângulo retângulo com catetos 8 e 15, ângulo α]

e. [triângulo retângulo com catetos 10 + x e 9, hipotenusa 13 + x, ângulo α]

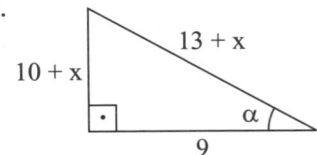

f. [triângulo retângulo com cateto 9, hipotenusa 39 + x, cateto 42 − x, ângulo α]

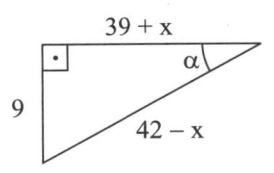

56 Sabendo que sen α $x = \dfrac{3}{4}$, calcule x nos casos:

a. [triângulo retângulo com hipotenusa 9, cateto x, ângulo α]

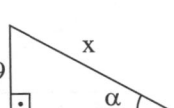

b. [triângulo retângulo com cateto 6, cateto x, ângulo α]

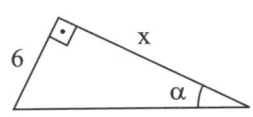

c. [triângulo retângulo com hipotenusa 10, cateto x, ângulo α]

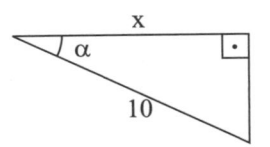

57 Sabendo que $\cos \alpha = \dfrac{5}{6}$, calcule x nos casos:

a. [triângulo retângulo com cateto x, ângulo α, hipotenusa 15]

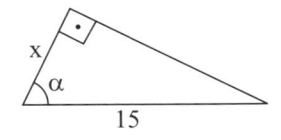

b. [triângulo retângulo com cateto x, ângulo α, cateto adjacente 6]

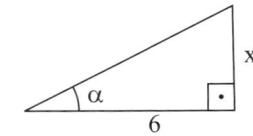

c. [triângulo retângulo com cateto 10, ângulo α, hipotenusa x]

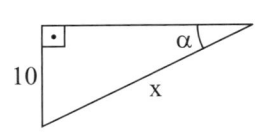

58 Sabendo que $\operatorname{tg} \alpha = \dfrac{7}{4}$, determine x nos casos:

a. [triângulo retângulo com cateto 14, cateto x, ângulo α]

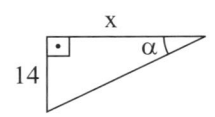

b. [triângulo retângulo com cateto 6, cateto x, ângulo α]

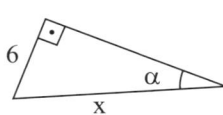

c. [triângulo retângulo com hipotenusa 12, cateto x, ângulo α]

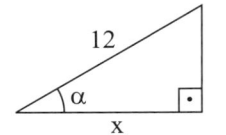

59 Determine o valor das variáveis nos casos abaixo:

a. [triângulo retângulo com hipotenusa 8, cateto x, cateto y, ângulo 30°]

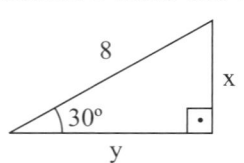

b. [triângulo retângulo com hipotenusa x, cateto y, cateto 2, ângulo 45°]

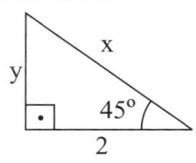

c. [triângulo retângulo com cateto 6, hipotenusa y, cateto x, ângulo 60°]

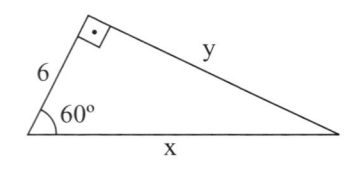

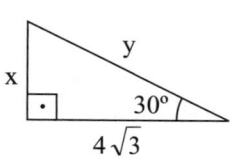

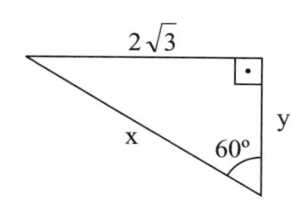

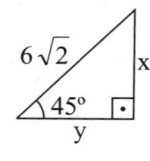

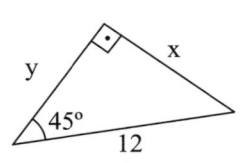

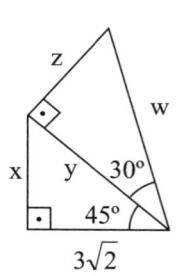

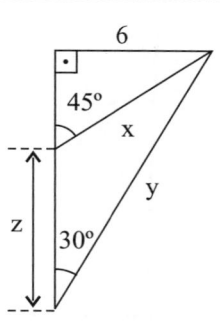

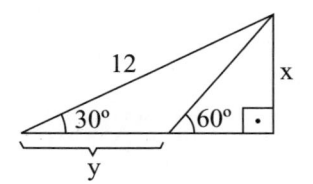

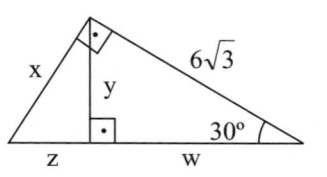

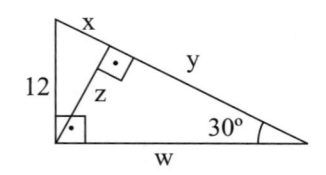

Geometria Plana - 9º ano — Trigonometria no Triângulo Retângulo

d.

e.

f.

g.

h.

i.

j.

l.

m.

60 Determine as incógnitas nos trapézios abaixo:

a. Trapézio com lado vertical esquerdo $2\sqrt{3}$, base superior 1, ângulo reto no canto superior esquerdo, lado inclinado direito y, ângulo de 60° na base direita, base inferior x.

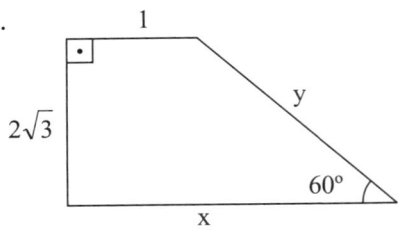

b. Trapézio com lado inclinado esquerdo $6\sqrt{2}$, ângulo de 45° na base esquerda, base superior 2, lado direito x, ângulo reto no canto inferior direito, base inferior y.

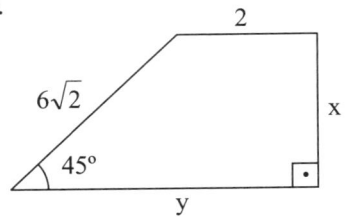

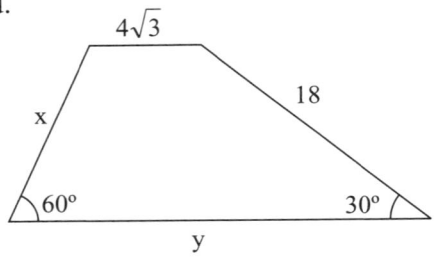

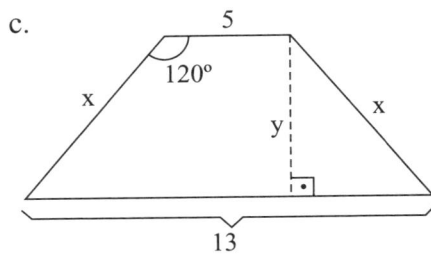

c. Trapézio com base superior 5, ângulo de 120° no canto superior esquerdo, lados laterais x e x, altura y com ângulo reto na base, base inferior 13.

d. Trapézio com base superior $4\sqrt{3}$, lado esquerdo x, ângulo de 60° na base esquerda, lado direito 18, ângulo de 30° na base direita, base inferior y.

e. Trapézio com base superior $2\sqrt{3}$, lado esquerdo x, ângulo de 45° na base esquerda, lado direito 10, ângulo de 30° na base direita, base inferior y.

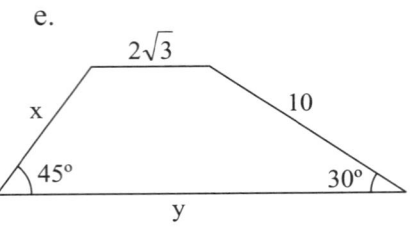

f. Trapézio com base superior 4, lado esquerdo x, ângulo de 60° na base esquerda, ângulo de 135° no canto superior direito, lado direito $8\sqrt{6}$, base inferior y.

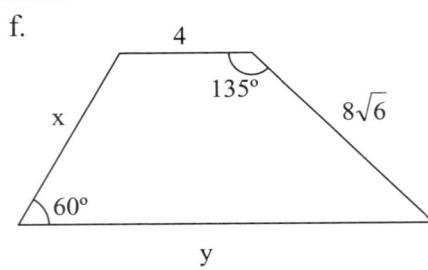

VI ÁREAS DE REGIÕES POLIGONAIS

A) ÁREA DE UM RETÂNGULO

Definição: a área de um retângulo é igual ao produto de seus lados.

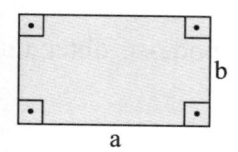

$$A_{ret} = a \cdot b$$

B) ÁREA DE UM QUADRADO

T14 A área de um quadrado é o produto dos lados.

De fato, como todo quadrado é retângulo, temos

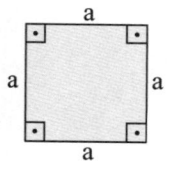

$$A_{qua} = a \cdot a \Rightarrow A_{qua} = a^2$$

C) ÁREA DE UM PARALELOGRAMO

T15 A área de um paralelogramo é o produto de uma base pela respectiva altura.

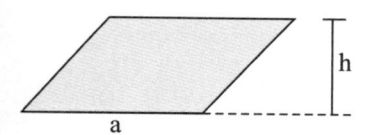

$$A_{par} = a\,h$$

Demonstração:

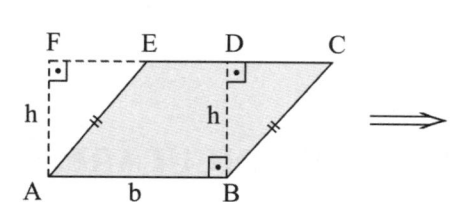

Os triângulos BCD e AEF são congruentes (caso cateto - hipotenusa)

A área do paralelogramo é a mesma de um retângulo que tem lado **b** e **h**. Portanto,

$$A_{par} = bh$$

D) ÁREA DE UM TRIÂNGULO

T16 A área de um triângulo é o semi-produto da base pela respectiva altura.

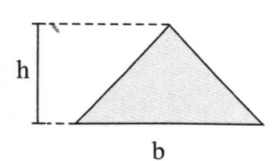

$$A_{tri} = \frac{1}{2} \cdot bh$$

Demonstração:

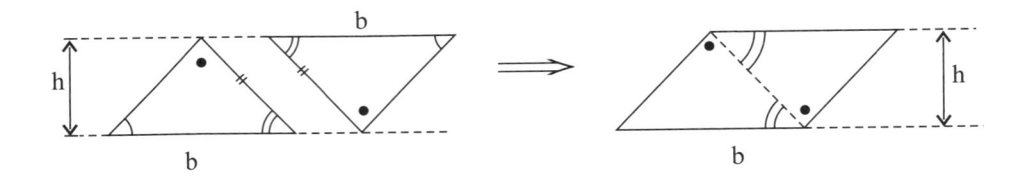

Consideremos dois triângulos congruentes conforme acima. É fácil mostrar que pode-se obter um paralelogramo de mesma base e altura dos triângulos. Logo;

$$A_{tri} = \frac{1}{2} A_{par} \Rightarrow \boxed{A_{tri} = \frac{1}{2} \cdot bh}$$

E) ÁREA DE UM TRAPÉZIO

T17 A área de um trapézio é o produto da média aritmética das bases pela altura.

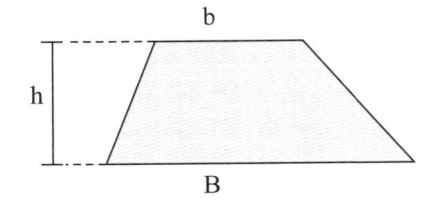

$$A_{tra} = \frac{(B + b)}{2} \cdot h$$

Demonstração:

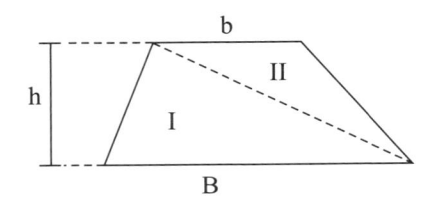

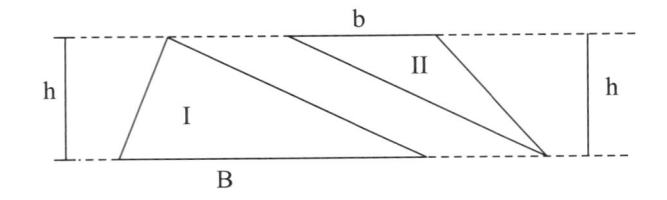

$$A_{trap} = A_I + A_{II} \Rightarrow A_{trap} = \frac{1}{2} Bh + \frac{1}{2} bh \Rightarrow \boxed{A_{trap} = \frac{1}{2}(B + b) \cdot h}$$

F) ÁREA DE UM QUADRILÁTERO DE DIAGONAIS PERPENDICULARES

T18 A área de um quadrilátero de diagonais perpendiculares é igual ao semi-produto delas.

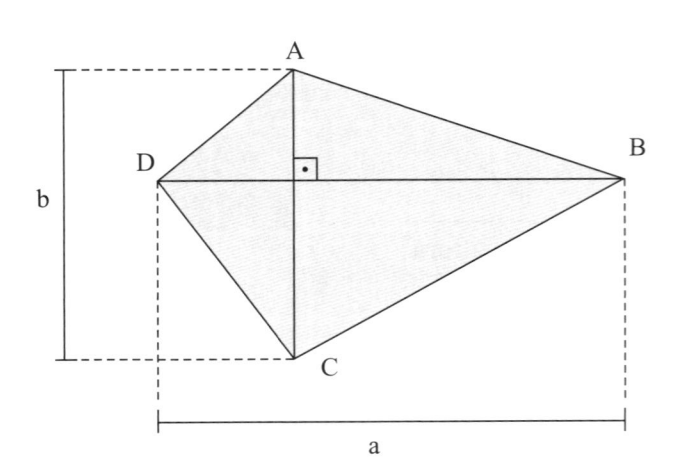

$$A_{ABCD} = \frac{1}{2} \cdot a \cdot b$$

Demonstração:

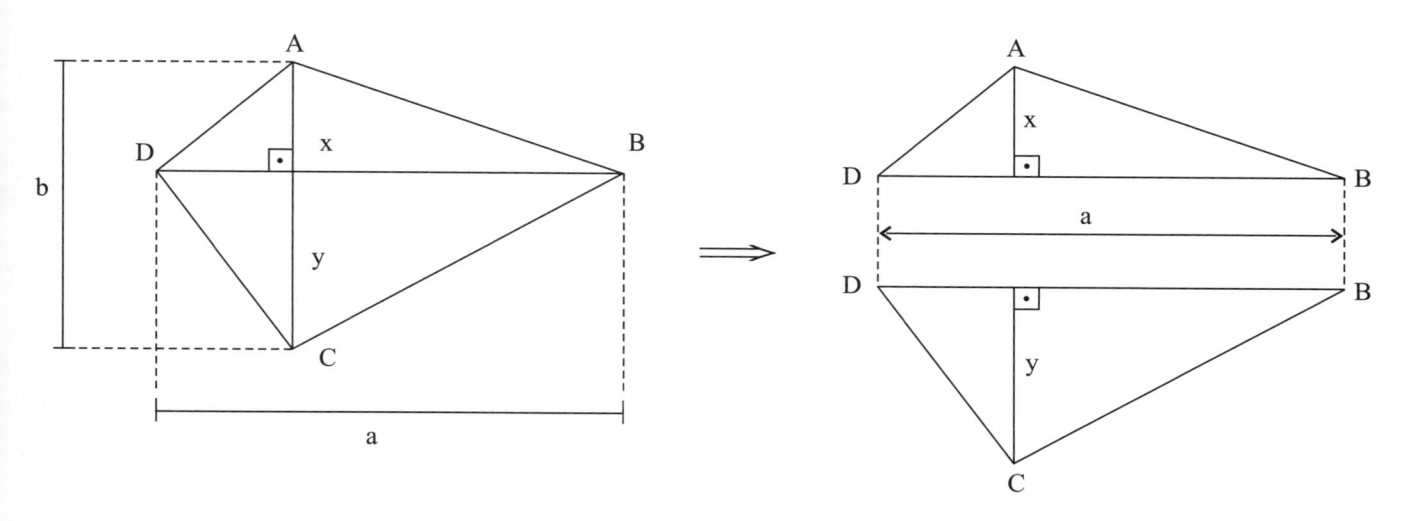

$$A_{ABCD} = A_{ABD} + A_{BCD} \Rightarrow A_{ABCD} = \frac{1}{2}ax + \frac{1}{2}ay \Rightarrow A_{ABCD} = \frac{1}{2}a(x+y) \Rightarrow \boxed{A_{ABCD} = \frac{1}{2}ab}$$

G) ÁREA DE UM LOSANGO

Por ser paralelogramo, o losango pode ter sua área expressa pelo produto de um lado pela altura correspondente. Por ter as diagonais perpendiculares, o losango pode ter sua área calculada pelo semi-produto delas.

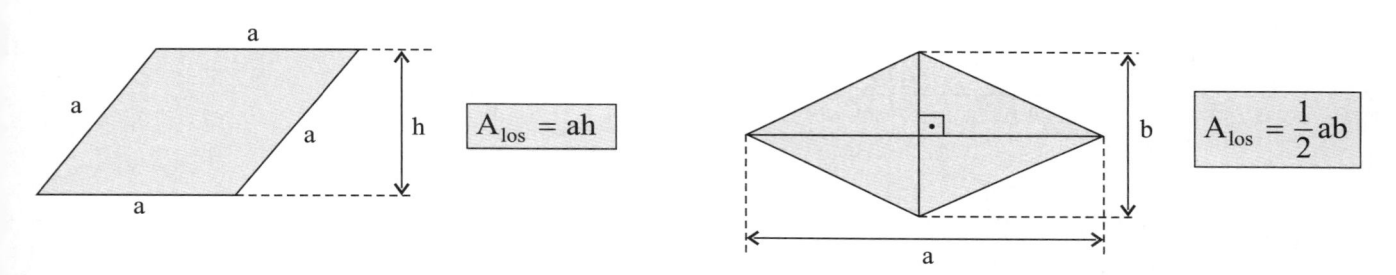

$$\boxed{A_{los} = ah}$$

$$\boxed{A_{los} = \frac{1}{2}ab}$$

H) FIGURAS EQUIVALENTES

Definição: duas figuras planas são equivalentes se têm a mesma área.

I) TRIÂNGULOS EQUIVALENTES

Como a área de um triângulo é o semi-produto da base pela altura relativa a ela, se dois triângulos têm mesma base e mesma altura, então eles têm mesma área.

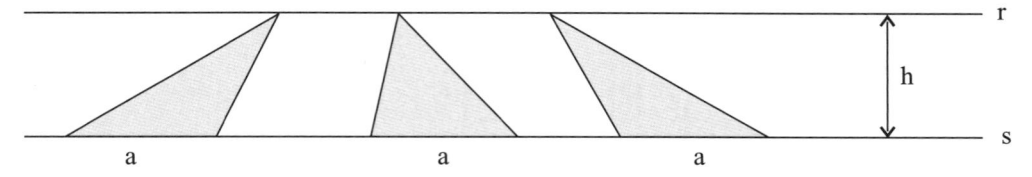

Os triângulos sombreados acima são equivalentes, pois suas áreas são iguais.

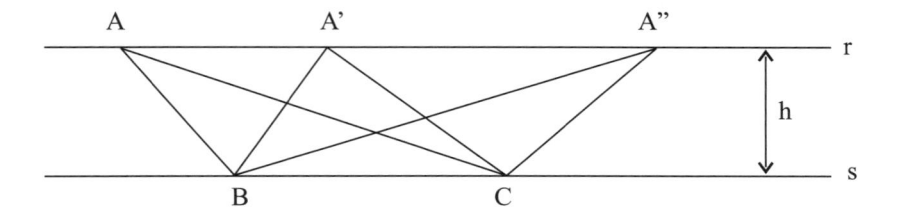

Os triângulos ABC, A'BC e A''BC acima são equivalentes.

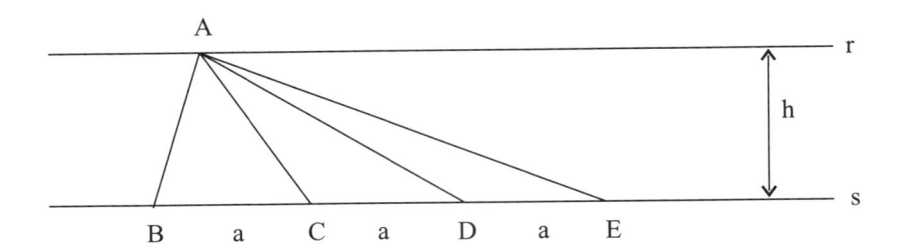

Na figura acima são equivalentes os triângulos ABC, ACD e ADE.
Também são equivalentes os triângulos ABD e ACE.

T19 | Se dois triângulos são semelhantes, então a razão entre sua áreas é igual ao quadrado da razão de semelhança.

Demonstração

De fato, sejam os triângulos ABC e PQR, semelhantes.

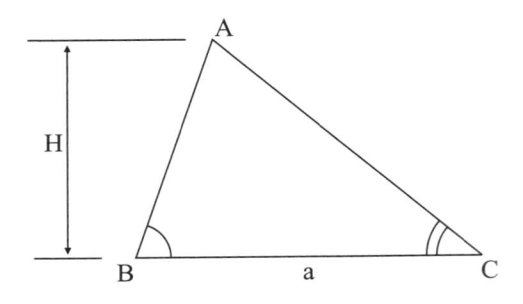

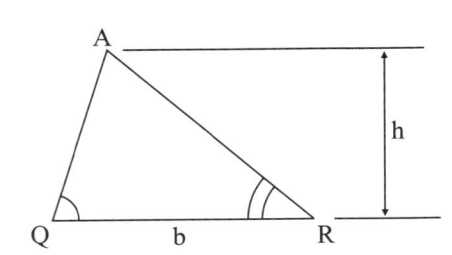

$$\frac{a}{b} = \frac{H}{h} = k$$

Tem-se: $\dfrac{\text{área}(ABC)}{\text{área}(PQR)} = \dfrac{\frac{aH}{2}}{\frac{bh}{2}} = \dfrac{a}{b} \cdot \dfrac{H}{h} = k \cdot k = k^2$

EXERCÍCIOS RESOLVIDOS

Resolvido 28 Calcule a área do triângulo ABC.

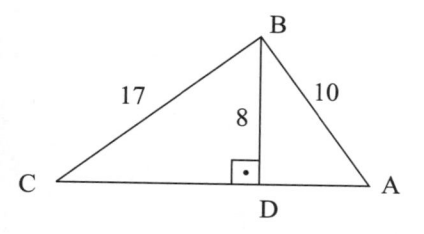

Solução:

$\Delta ABD: x^2 + 8^2 = 10^2 \Rightarrow x = 6$

$\Delta BCD: y^2 + 8^2 = 17^2 \Rightarrow y = 15$

$A_{\Delta ABC} = \dfrac{(x+y).8}{2} \Rightarrow A_{\Delta ABC} = (6+15).4 \Rightarrow A_{\Delta ABC} = 84$

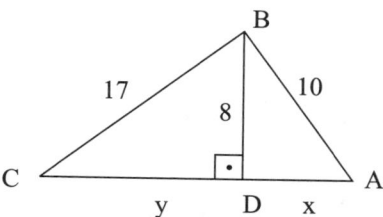

Resposta: 84

Resolvido 29 Determine a área do triângulo ABC.

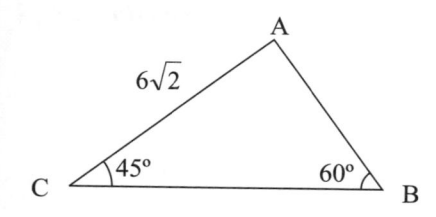

Solução:

traça-se a altura $\overline{AD}$. Então

$\Delta ACD: \dfrac{x}{6\sqrt{2}} = \operatorname{sen} 45° \Rightarrow \dfrac{x}{6\sqrt{2}} = \dfrac{\sqrt{2}}{2} \Rightarrow x = 6$

ΔACD é isósceles $\Rightarrow y = x \Rightarrow y = 6$

$\Delta ABD: \dfrac{x}{z} = \operatorname{tg} 60° \Rightarrow \dfrac{6}{z} = \sqrt{3} \Rightarrow z = 2\sqrt{3}$

$A_{\Delta ABC} = \dfrac{(y+z)x}{2} \Rightarrow A_{\Delta ABC} = \dfrac{(6+2\sqrt{3}).6}{2} \Rightarrow \boxed{A_{\Delta ABC} = 6(3+\sqrt{3})}$

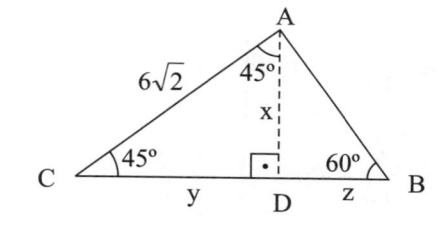

Resposta: $6(3+\sqrt{3})$

Geometria Plana - 9º ano — *Áreas de Regiões Poligonais*

Resolvido **30** Calcule a área do trapézio abaixo:

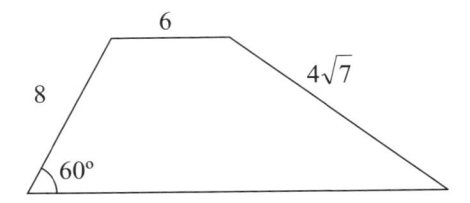

Solução:

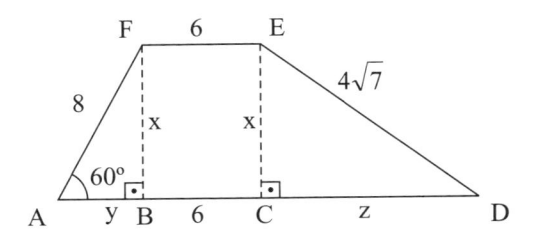

$\triangle ABF$: $\dfrac{x}{8} = \text{sen}\,60° \Rightarrow \dfrac{x}{8} = \dfrac{\sqrt{3}}{2} \Rightarrow \mathbf{x = 4\sqrt{3}}$

$\dfrac{y}{8} = \cos 60° \Rightarrow \dfrac{y}{8} = \dfrac{1}{2} \Rightarrow \mathbf{y = 4}$

$\triangle CDE$: $z^2 + x^2 = (4\sqrt{7})^2 \Rightarrow z^2 + (4\sqrt{3})^2 = (4\sqrt{7})^2 \Rightarrow \mathbf{z = 8}$

$A_{trap} = \dfrac{(y + 6 + z + 6)\cdot x}{2} \Rightarrow A_{trap} = \dfrac{(4 + 6 + 8 + 6)\cdot 4\sqrt{3}}{2} \Rightarrow \boxed{A_{trap} = 48\sqrt{3}}$

Resposta: $48\sqrt{3}$

Resolvido **31** Calcule a área dos trapézios abaixo:

a.

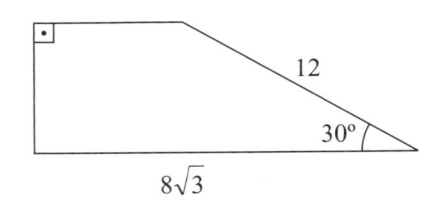

b.

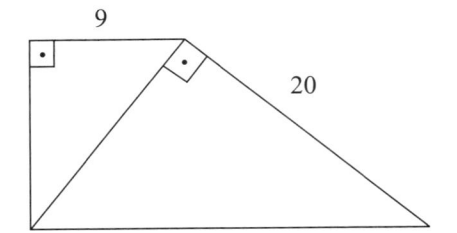

Solução:

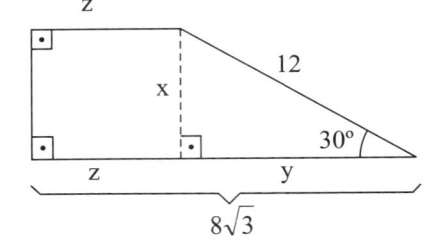

a. $\dfrac{x}{12} = \text{sen}\,30° \Rightarrow \dfrac{x}{12} = \dfrac{1}{2} \Rightarrow \mathbf{x = 6}$

$\dfrac{y}{12} = \cos 30° \Rightarrow \dfrac{y}{12} = \dfrac{\sqrt{3}}{2} \Rightarrow \mathbf{y = 6\sqrt{3}}$

$z + y = 8\sqrt{3} \Rightarrow z + 6\sqrt{3} = 8\sqrt{3} \Rightarrow \mathbf{z = 2\sqrt{3}}$

$A_{trap} = \dfrac{(8\sqrt{3} + z)\cdot x}{2} \Rightarrow A_{trap} = \dfrac{(8\sqrt{3} + 2\sqrt{3})\cdot 6}{2} \Rightarrow \boxed{A_{trap} = 30\sqrt{3}}$

b. Relação métrica no $\triangle ABC$

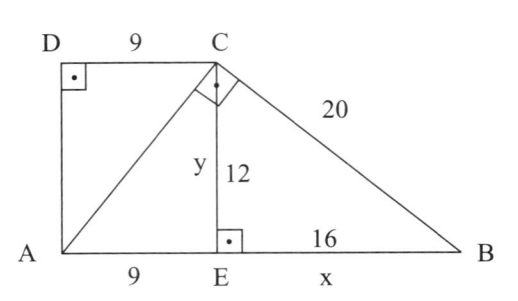

1) $20^2 = x(x + 9) \Rightarrow x^2 + 9x - 400 = 0$

$(x - 16)(x + 25) = 0 \Rightarrow \mathbf{x = 16}$

2) $y^2 = 9\cdot x \Rightarrow y^2 = 9\cdot 16 \Rightarrow y = 3.4 \quad \mathbf{y = 12}$

3) $A_{trap} = \dfrac{(25 + 9)\cdot 12}{2} \Rightarrow \boxed{A_{trap} = 204}$

Resposta: *204*

Geometria Plana - 9º ano — *Áreas de Regiões Poligonais*

Resolvido 32 Calcule a área do losango ABCD abaixo:

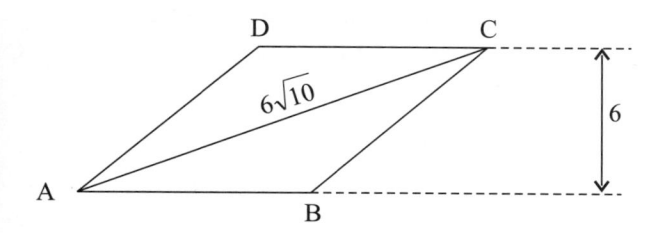

Solução:

1) ΔACE: $y^2 + 6^2 = (6\sqrt{10})^2 \Rightarrow \mathbf{y = 18}$

2) ΔBCE: $(18 - x)^2 + 6^2 = x^2$
$$324 - 36x + x^2 + 36 = x^2$$
$$36x = 360 \Rightarrow \mathbf{x = 10}$$

3) $A_{los} = $ (base)(altura)
$A_{los} = x \cdot 6 \Rightarrow A_{los} = 10 \cdot 6 \Rightarrow \boxed{A_{los} = 60}$

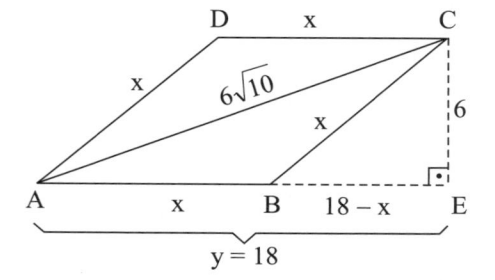

Resposta: 60

EXERCÍCIOS PROPOSTOS

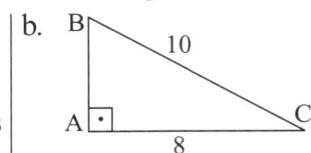

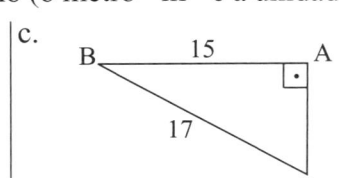

61. Determine a área dos triângulos ABC abaixo (o metro - m - é a unidade das medidas indicadas).

a. Triângulo retângulo em A, com AC = 9 e AB = 4.

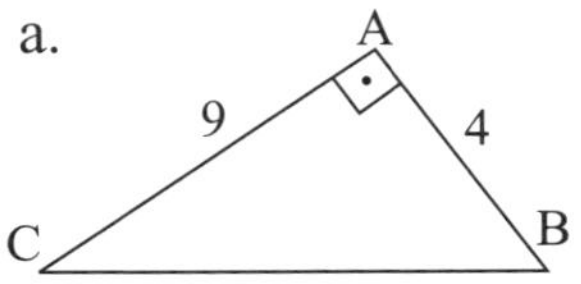

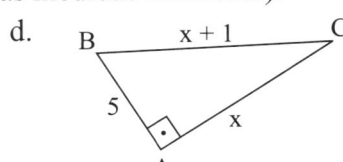

b. Triângulo retângulo em A, com AB = 10 e AC = 8.

c. Triângulo retângulo em A, com BA = 15 e BC = 17.

d. Triângulo retângulo em A, com BC = x+1, AB = 5 e AC = x.

e. Triângulo ABC com altura desde A igual a 9 e base BC = 12.

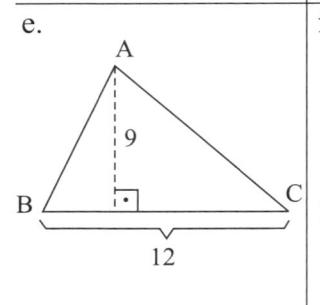

f. Triângulo ABC com altura desde B igual a 6 (perpendicular a AC) e AC = 13.

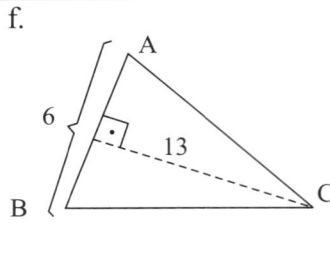

g. Triângulo ABC com altura 4 desde A, dividindo BC em 6 e 3.

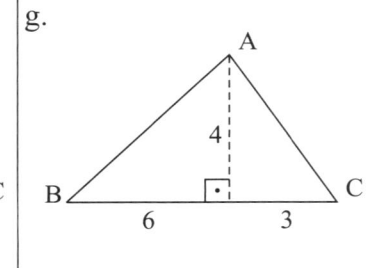

h. Triângulo ABC com AB = 4, AC = 4 e altura desde A igual a 1 (ângulo reto em A).

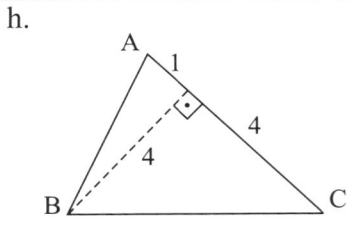

i. Triângulo com CB = 2 + 8 = 10 (em cima), AB = 10, altura desde A = ? (CB dividido em 2 e 8 pelo pé da altura).

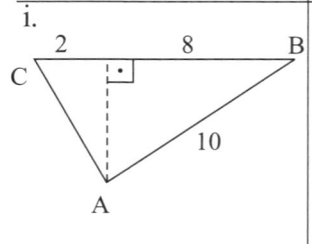

j. Triângulo ABC com AB = 25, altura desde A = 7, segmento sobre BC de medida 2.

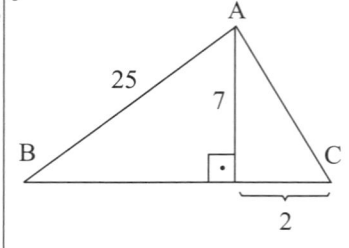

l. Triângulo ABC com AB = 4√5, AC = 5, altura desde A, segmento de 3 em BC.

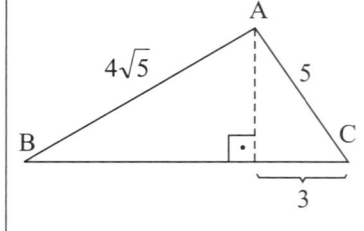

m. Triângulo ABC com AB = 41, BC = 41, altura desde C = 9 (perpendicular a AC).

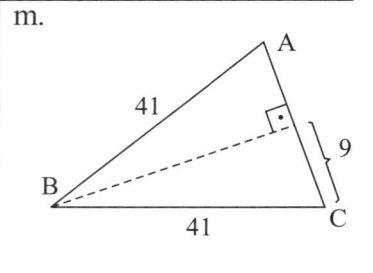

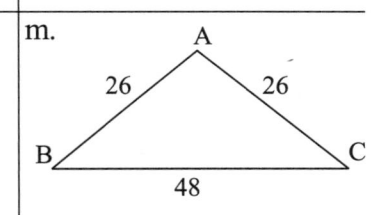

Geometria Plana - 9º ano | **Áreas de Regiões Poligonais**

62 Determine a área dos triângulos ABC abaixo (unidade das medidas é o metro).

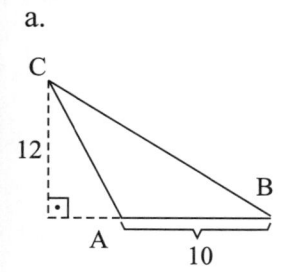

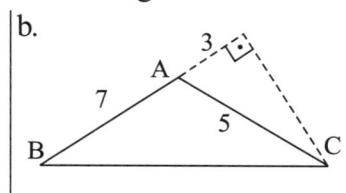

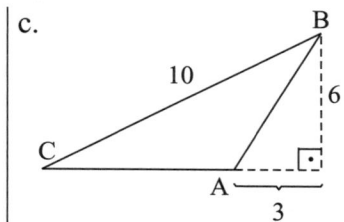

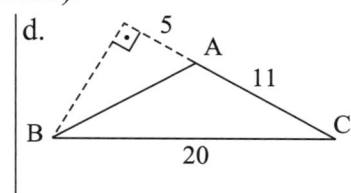

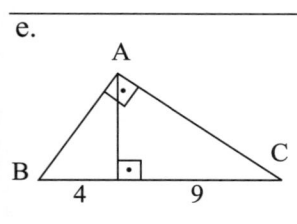

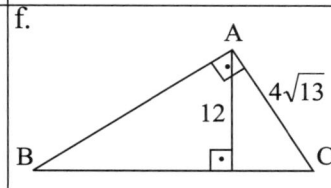

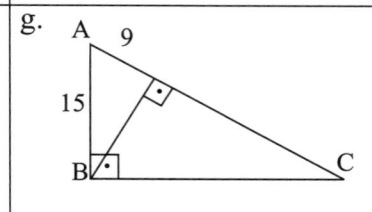

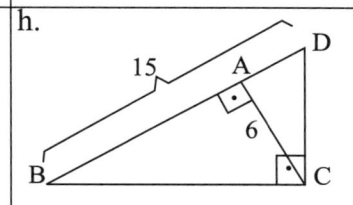

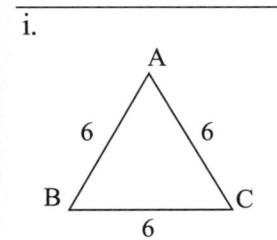

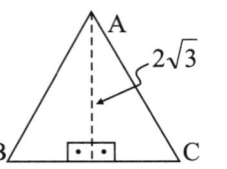

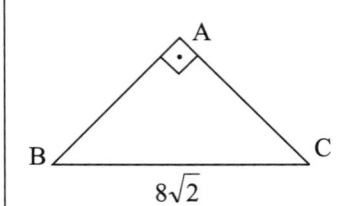

a. Triângulo retângulo com cateto CA = 12 e AB = 10, ângulo reto em A.

b. Triângulo ABC com BA = 7, AC = 5, e altura externa a partir de A medindo 3 (perpendicular ao prolongamento de AC).

c. Triângulo com BC = 10, altura BA = 6, e AC = 3 (A é pé da altura fora do segmento, ângulo reto em A).

d. Triângulo ABC com BC = 20, AC = 11, e altura externa a partir de A medindo 5.

e. Triângulo ABC com ângulo reto em A, altura AH sobre BC, com BH = 4 e HC = 9.

f. Triângulo ABC com ângulo reto em A, altura AH = 12 sobre BC, e AC = $4\sqrt{13}$.

g. Triângulo ABC com ângulo reto em B, AC = ?, AB = 9 (cateto), e altura relativa à hipotenusa = 15. (lê: AC = 15, com altura a partir de B perpendicular a AC)

h. Triângulo BCD retângulo em C, com BD = 15 + (AD), AC = 6, ângulo reto em C, com A sobre BD tal que AD = ... , BA = 15.

i. Triângulo ABC equilátero com lados AB = AC = BC = 6.

j. Dado: AB = AC = BC, altura = $2\sqrt{3}$.

l. Dado: AB = AC, ângulo reto em A, BC = $8\sqrt{2}$.

m. Triângulo ABC com AB = AC = 26 e BC = 48.

63 Determine a área dos quadriláteros abaixo (a unidade das medidas indicadas é o metro).

a. Quadrado — 17

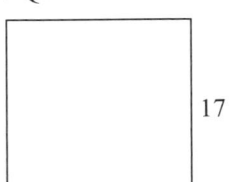

b. Quadrado — 8 (diagonal)

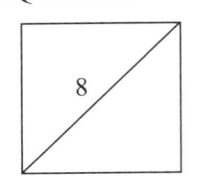

c. Retângulo — 20 (diagonal), 16 (base)

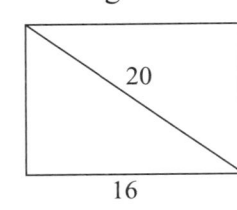

d. Paralelogramo — 6 (altura), 21 (lado)

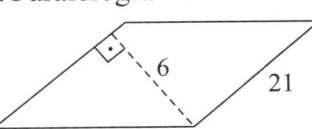

e. Losango — 4 (semidiagonal), 6 (semidiagonal)

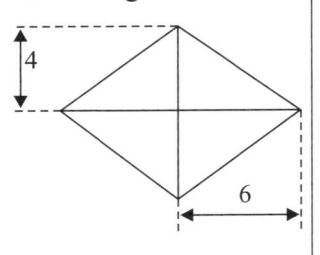

f. Paralelogramo — 23 (base), 8 (altura)

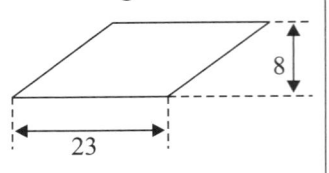

g. Paralelogramo — 15, 6

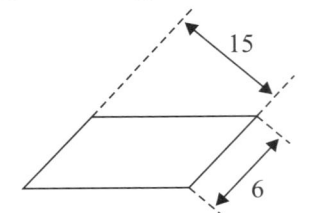

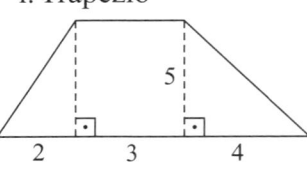

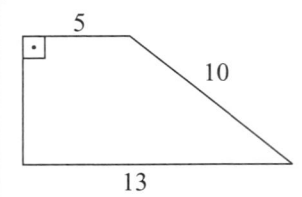

h. Losango — 5 (lado), 7 (altura)

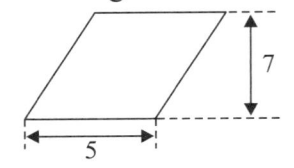

i. Trapézio — 2, 3, 4 (base), 5 (altura)

j. Trapézio — 5 (base menor), 10 (lado), 13 (base maior)

l. Trapézio — 2 (base menor), 5, 5 (lados), 10 (base maior)

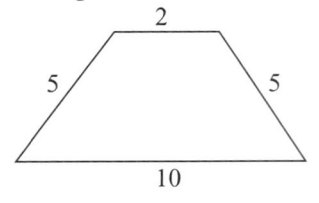

m. Trapézio — 7 (base menor), 13 (lado), 1, 12 (base maior)

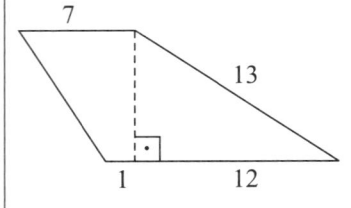

64 A área do polígono é dada em cada caso abaixo. Determine x.

a. Quadrado (64 m²) — lado x

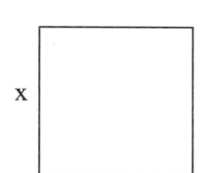

b. Quadrado (18 m²) — diagonal x

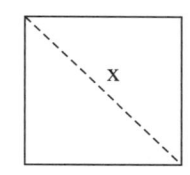

c. Paralelogramo (15 m²) — base $x+3$, altura $x+1$

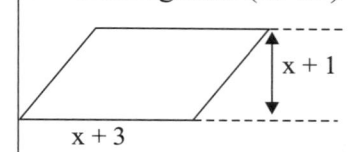

d. Retângulo (24 m²) — lados $x+1$ e $x-1$

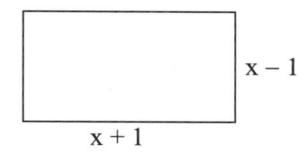

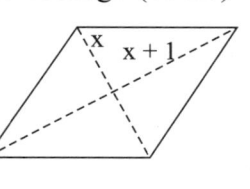

e. Losango (40 m²) — diagonais x e $x+1$

f. Trapézio (48 m²) — base menor $x-6$, base maior $x+2$, altura $x-4$

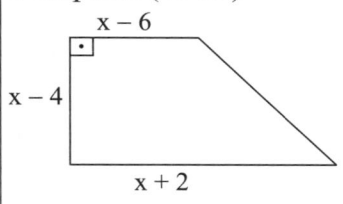

g. Triângulo (60 m²) — base $2x+2$, altura $2x$

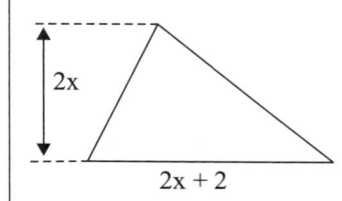

h. Trapézio (18 m²) — base menor $x-1$, base maior $2x+4$, altura x

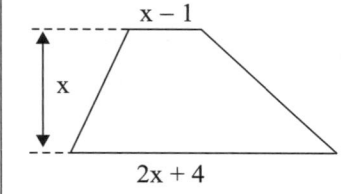

i. Retângulo (40 m²) — com quadrado interno de lado x, faixa de 1 e 2

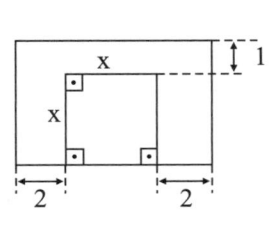

j. Triângulo ABC (9 m²) e quadrado — base dividida em x, $x+1$, $x+2$; altura acima do quadrado = 1

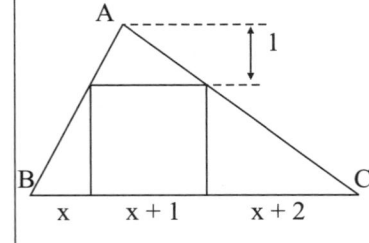

l. Paralelogramo (30 m²) — lados $2x$ e $x+2$

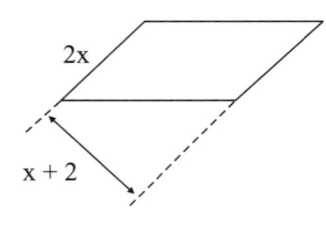

m. Losango ($18\sqrt{3}$ m²) — lado x, ângulo $120°$

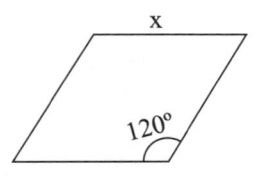

65 Determine a área dos trapézios abaixo (unidade das medidas é o metro).

a.

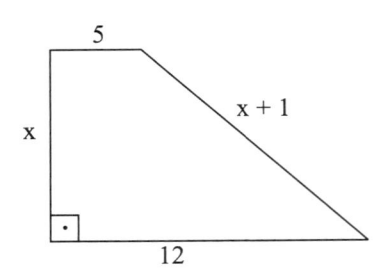

b. Perímetro = 54 m

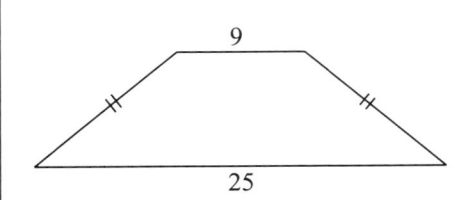

c.

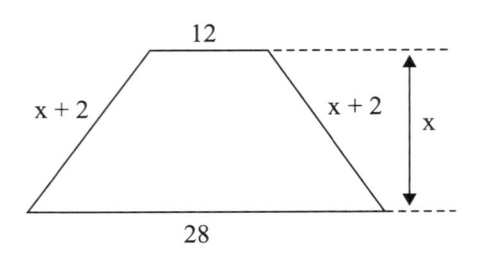

d.

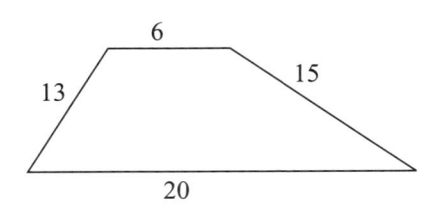

e.

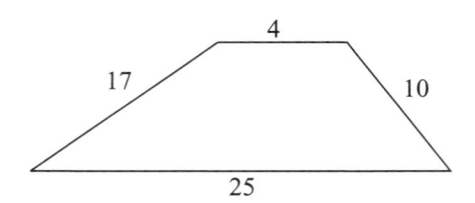

f.

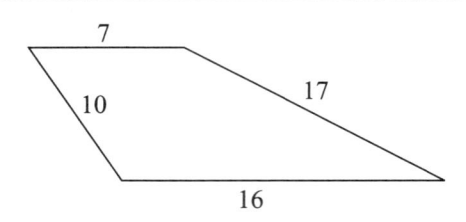

Geometria Plana - 9º ano Áreas de Regiões Poligonais

66 Determine a área dos polígonos abaixo, sendo o metro a unidade das medidas indicadas.

a.

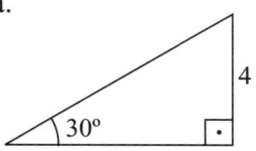

b.

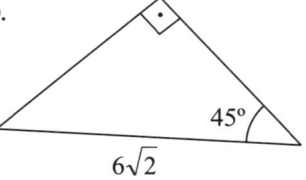

c.

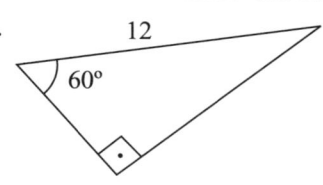

d.

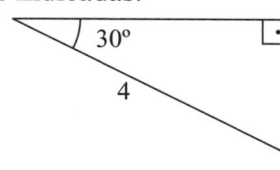

e. Retângulo

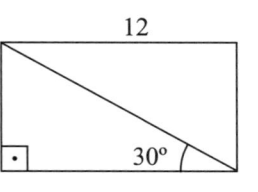

f. Paralelogramo

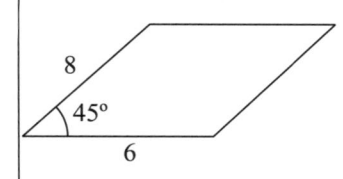

g.

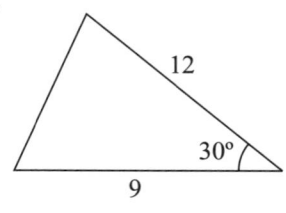

h. Trapézio

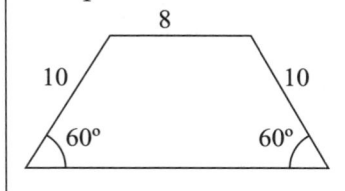

i. Trapézio

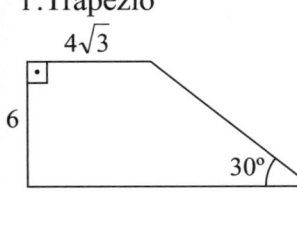

j.

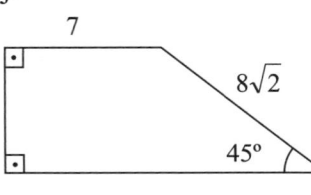

l. Trapézio

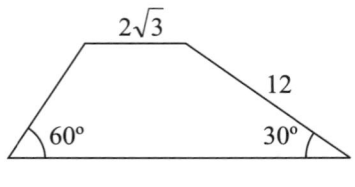

m.

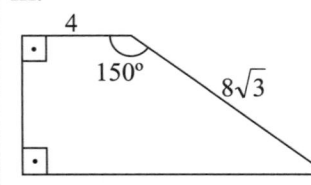

67 Determine a área do trapézio abaixo.

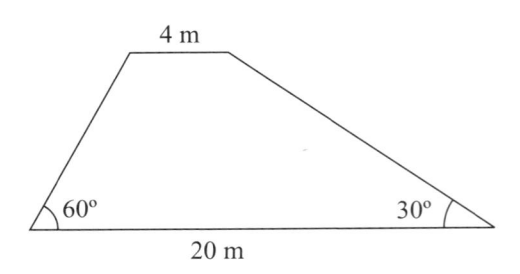

68 Nas figuras abaixo temos um triângulo ABC e um trapézio PQRS, de áreas respectivamente iguais a 27 m² e 92 m². Determine o valor de x em cada caso.

a.

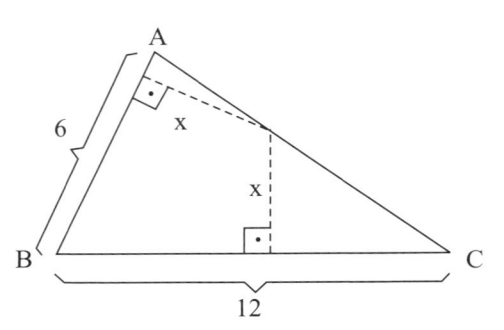

b.

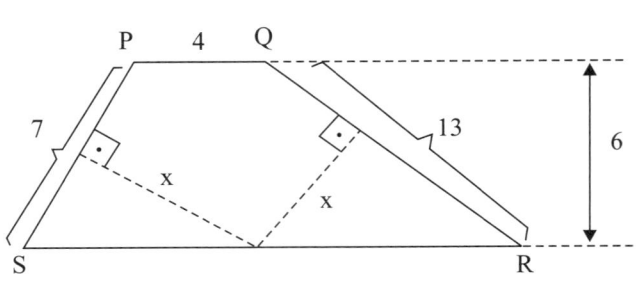

69 Determine a área dos quadriláteros abaixo, sendo o metro a unidade das medidas indicadas.

a.

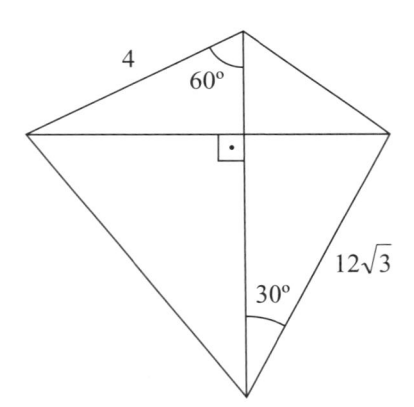

b.

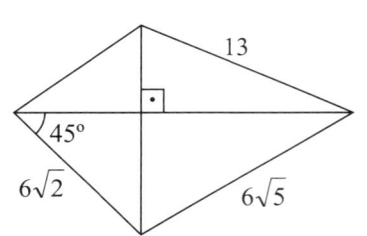

Geometria Plana - 9º ano — Áreas de Regiões Poligonais

70 Determine a área dos quadriláteros abaixo.

a.

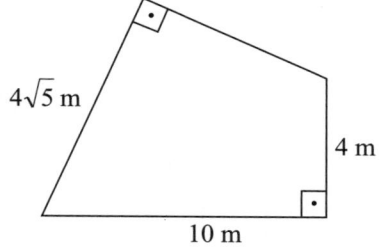

$4\sqrt{5}$ m, 4 m, 10 m

b.

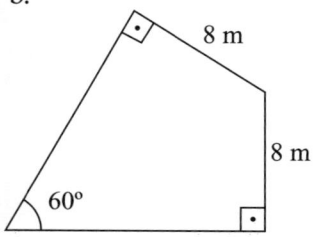

8 m, 8 m, 60°

c. O perímetro do quadrilátero é 32 m.

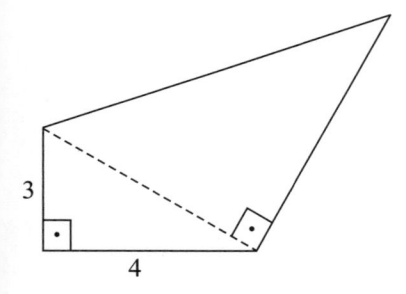

3, 4

d.

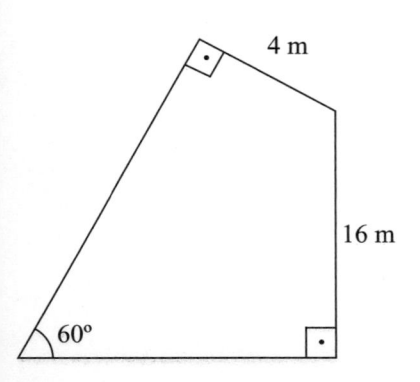

4 m, 16 m, 60°

Geometria Plana - 9º ano
Áreas de Regiões Poligonais

71 A área dos triângulos ABC é dada em cada caso e os pontos sobre os lados os dividem em partes iguais. Determine a área das regiões sombreadas.

a. 96 m²

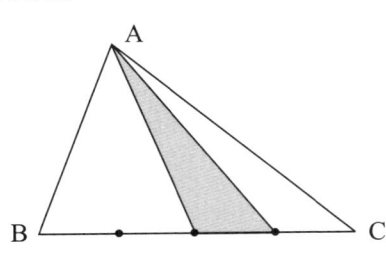

b. 110 m²

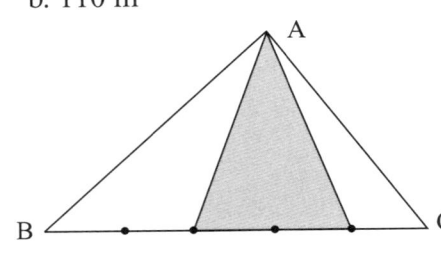

c. 96 m²

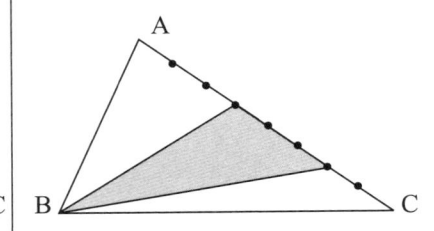

d. 18 m²

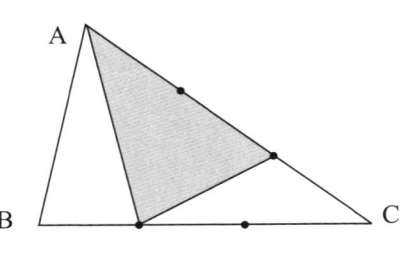

e. 20 m²

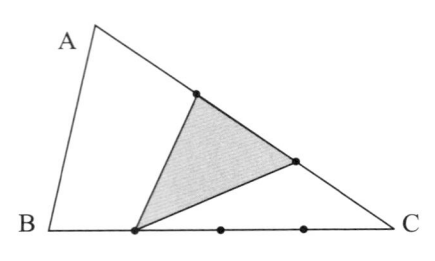

f. 42 m²

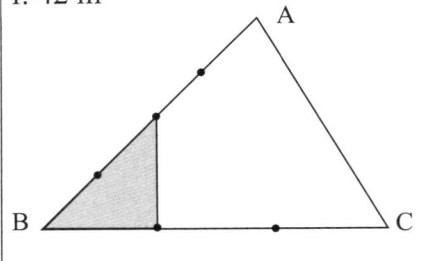

g. 30 m²

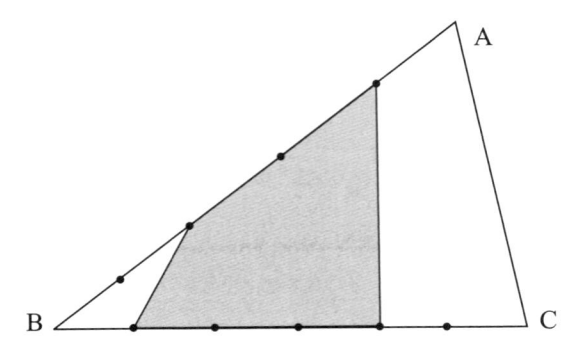

70

72 Determine a área do quadrado PQRS.

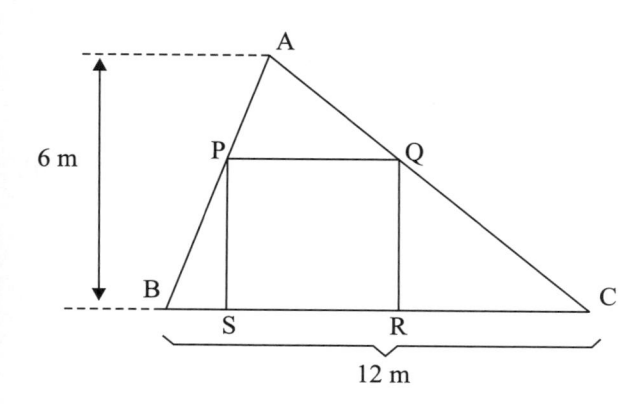

73 Determine as medidas dos lados de um retângulo de perímetro 30 m e área 36 m².

74 A base de um retângulo excede a altura em 4 m. Determine a medida da base, se a área do retângulo é 192 m².

75 A diagonal de um retângulo excede em 1 m a medida da base. Determine a área do retângulo, se a altura do mesmo vale 9 m.

76 Determine a área de um triângulo isósceles de perímetro 36 m e base 16 m.

77 Determine o perímetro de um triângulo isósceles, sabendo que sua base mede 14 m e sua área mede 168 m.

78 Determine a área de um trapézio isósceles de perímetro 138 m, base maior 60 m e base menor 20 m.

79 Determine a área de um trapézio retângulo de bases de 36 m e 12 m e lado oblíquo de 26 m.

80 Determine a área de um losango ABCD, sabendo que AB = BD = 10 m.

81 Determine a área de um retângulo de perímetro 20 m e diagonal $2\sqrt{13}$ m.

82 A base menor e a altura de um trapézio retângulo medem 3 m e 9 m, respectivamente. Determine a área do trapézio, sabendo que o lado oblíquo e a base maior têm medidas iguais.

83 A base menor e a altura de um trapézio retângulo medem 10 m, cada uma. Determine a área desse trapézio, sabendo que o lado oblíquo tem medida igual a da diagonal menor do trapézio.

84 Determine a área de um losango de perímetro 60 m e diagonal menor de 18 m.

85 A mediana relativa à hipotenusa de um triângulo retângulo mede 6 m e forma ângulo de 120° com a hipotenusa. Determine a área do triângulo.

86 A mediana relativa à hipotenusa de um triângulo retângulo tem medida igual a de um de seus catetos, que mede 8 m. Determine a área do triângulo.

87 A altura e a diagonal de um trapézio isósceles medem 21 m e 29 m, respectivamente. Determine a área desse trapézio.

88 Os perímetros de dois triângulos T_1 e T_2, semelhantes são 20 m e 30 m, respectivamente. Se a área de T_1 é 36 m², quanto vale a área de T_2?

89 As hipotenusas de dois triângulos retângulos semelhantes medem 16 m e 12 m. Quanto deve medir a hipotenusa de um terceiro triângulo semelhante aos outros dois, para que sua área seja igual à soma das áreas dos dois primeiros?

90 Da figura abaixo temos: $\overline{AD} // \overline{CE}$, $\overline{BC} // \overline{DF}$, área do $\triangle PCD = 4$ m² e área de $\triangle PEF = 36$ m². Determine a área do trapézio ABCD.

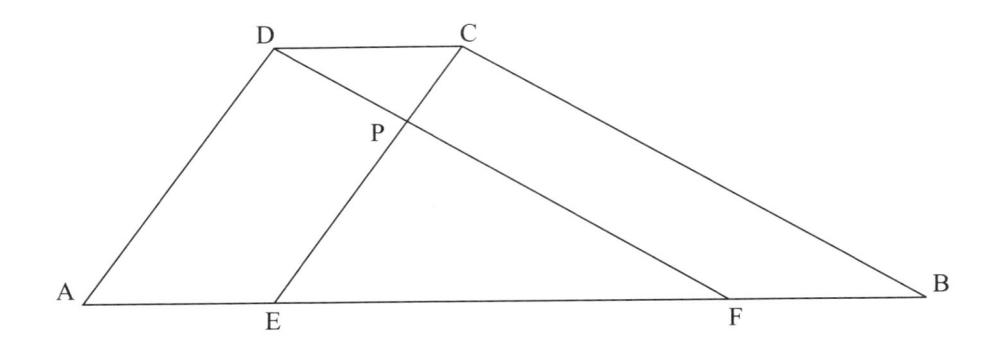

VII RELAÇÕES MÉTRICAS NUM TRIÂNGULO QUALQUER

A) LADO OPOSTO A UM ÂNGULO AGUDO

T20 O quadrado do lado oposto a um ângulo agudo de um triângulo é igual a soma dos quadrados dos outros dois, menos o dobro do produto de um lado pela projeção do outro sobre ele.

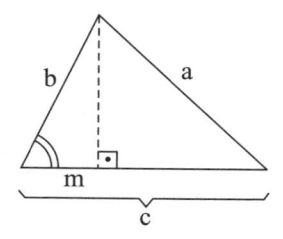

$$a^2 = b^2 + c^2 - 2\,cm$$

Demonstração:

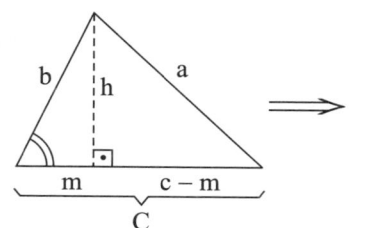

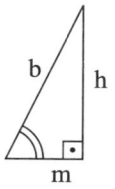

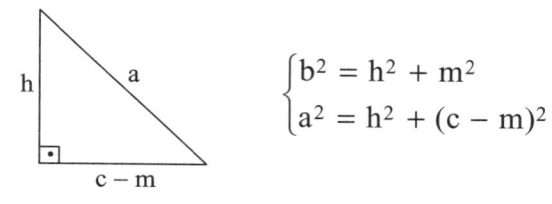

$$\begin{cases} b^2 = h^2 + m^2 \\ a^2 = h^2 + (c-m)^2 \end{cases}$$

$$\Rightarrow \begin{cases} h^2 = b^2 - m^2 \\ a^2 = h^2 + (c-m)^2 \end{cases} \Rightarrow a^2 = b^2 - m^2 + c^2 - 2cm + m^2 \Rightarrow \boxed{a^2 = b^2 + c^2 - 2\,cm}$$

B) LADO OPOSTO A UM ÂNGULO OBTUSO

T21 O quadrado do lado oposto a um ângulo obtuso de um triângulo é igual a soma dos quadrados dos outros dois mais o dobro do produto de um deles pela projeção do outro sobre a reta que o contém.

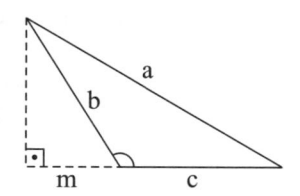

$$a^2 = b^2 + c^2 + 2\,cm$$

Demonstração:

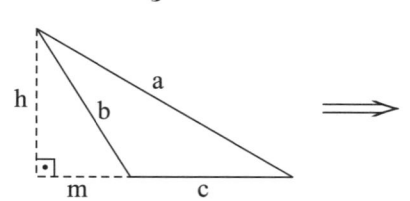

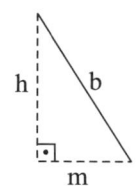

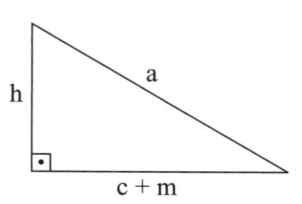

$$\begin{cases} b^2 = h^2 + m^2 \Rightarrow h^2 = b^2 - m^2 \\ a^2 = h^2 + (c+m)^2 \Rightarrow a^2 = b^2 - m^2 + (c+m)^2 \end{cases} \Rightarrow a^2 = b^2 - m^2 + c^2 + 2\,cm + m^2 \Rightarrow \boxed{a^2 = b^2 + c^2 + 2\,cm}$$

C) LEI DOS COSSENOS

T22 O quadrado de um lado de um triângulo é igual a soma dos quadrados dos outros dois, menos o dobro do produto destes dois pelo cosseno do ângulo que eles formam.

Demonstração:

Vamos usar o fato de que ângulos suplementares têm cossenos opostos, isto é,

$$\alpha + \beta = 180° \Rightarrow \cos \beta = -\cos \alpha$$

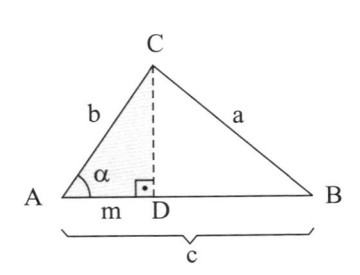

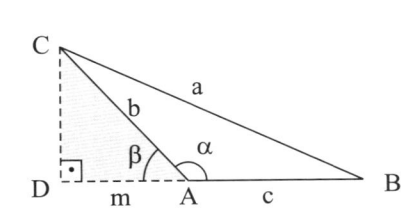

Δ ACD: $\quad = \cos \alpha \Rightarrow m = b \cos \alpha \qquad\qquad \Delta$ ACD: $\dfrac{m}{b} = \cos \beta = -\cos \alpha \Rightarrow m = -b \cos \alpha$

Δ ABC: $a^2 = b^2 + c^2 - 2 c m \qquad\qquad\qquad \Delta$ ABC: $a^2 = b^2 + c^2 + 2 c m$

ou $\qquad a^2 = b^2 + c^2 - 2 c \cdot b \cos \alpha \qquad\qquad$ ou $\qquad a^2 = b^2 + c^2 + 2 c (-b \cos \alpha)$

logo $\quad \boxed{a^2 = b^2 + c^2 - 2 bc \cos \alpha} \qquad\qquad$ logo $\quad \boxed{a^2 = b^2 + c^2 - 2 bc \cos \alpha}$

D) NATUREZA DE UM TRIÂNGULO

Teorema: sejam **a**, **b** e **c** as medidas dos lados de um triângulo, **a** sendo a maior delas, então:

T23
- se $a^2 < b^2 + c^2$, o triângulo é acutângulo;
- se $a^2 = b^2 + c^2$, o triângulo é retângulo;
- se $a^2 > b^2 + c^2$, o triângulo é obtusângulo.

E) LEI DOS SENOS

T24 *Teorema*: Num triângulo, a razão entre um lado e o seno do ângulo oposto a ele é igual ao diâmetro da circunferência circunscrita ao triângulo.

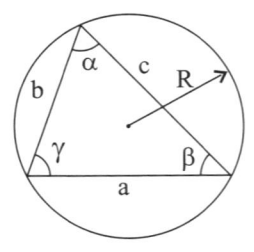

$$\frac{a}{\operatorname{sen}\alpha} = \frac{b}{\operatorname{sen}\beta} = \frac{c}{\operatorname{sen}\gamma} = 2R$$

Demonstração:

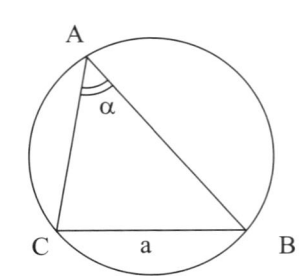

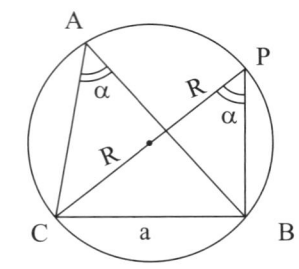

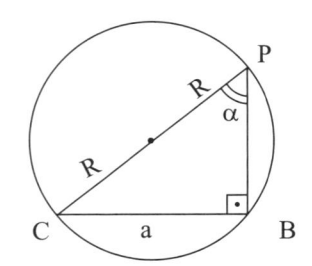

Traça-se o diâmetro $\overline{CP}$. Então $C\hat{P}B = \alpha = C\hat{A}B$, pois subentendem o mesmo arco $\overset{\frown}{BC}$ e PBC é triângulo retângulo em B.

No triângulo PBC: $\dfrac{a}{2R} = \operatorname{sen}\alpha \Rightarrow \boxed{\dfrac{a}{\operatorname{sen}\alpha} = 2R}$

De modo análogo obtém-se $\dfrac{b}{\operatorname{sen}\beta} = 2R$ e $\dfrac{c}{\operatorname{sen}\gamma} = 2R$

Observação: ângulos suplementares têm senos iguais. Por exemplo,
sen 30º = sen 150º ; sen 45º = sen 135º e sen 60º = sen 120º.

F) FÓRMULA DE HERÃO

T25 Se **a**, **b** e **c** são os lados de um triângulo de área **A**, então

$$A = \sqrt{p(p-a)(p-b)(p-c)} \text{, onde } p = \dfrac{a+b+c}{2}$$

G) T26 A área de um triângulo é igual ao semi-produto de dois lados quaisquer pelo seno do ângulo por eles formado.

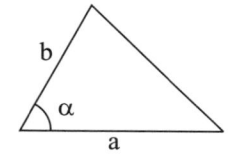

$$A = \dfrac{1}{2} \cdot ab\operatorname{sen}\alpha$$

Demonstração: no $\triangle$ ACD: $\dfrac{h}{b} = \operatorname{sen}\alpha \Rightarrow h = b \cdot \operatorname{sen}\alpha$

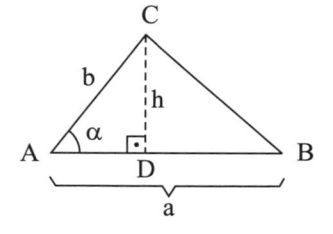

$A = \dfrac{1}{2}ah \Rightarrow \boxed{A = \dfrac{1}{2}ab\operatorname{sen}\alpha}$

H) CIRCUNFERÊNCIAS DO TRIÂNGULO

T27 A área de um triângulo é igual ao produto de seu semiperímetro pelo raio da circunferência nele inscrita.

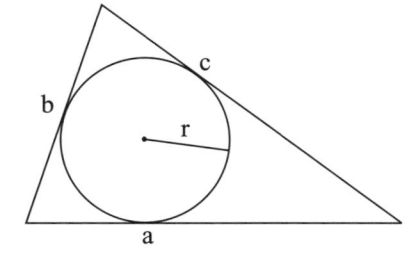

$\boxed{A = pr}$ $\quad p = \dfrac{a+b+c}{2}$

Demonstração:

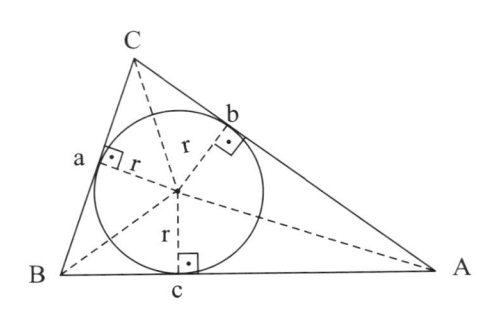

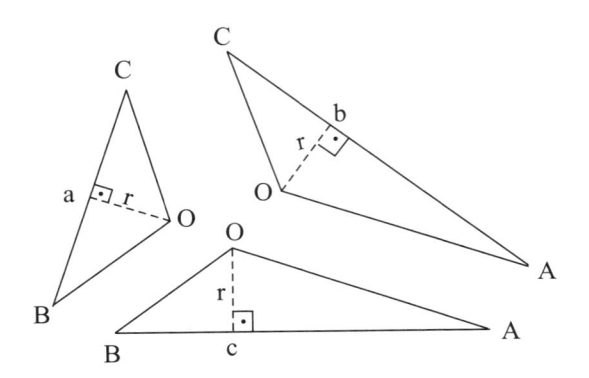

$A_{ABC} = A_{OBC} + A_{OAC} + A_{OAB}$

$A_{ABC} = \dfrac{1}{2}ar + \dfrac{1}{2}br + \dfrac{1}{2}cr$

$A_{ABC} = \dfrac{a+b+c}{2} \cdot r \Rightarrow \boxed{A_{ABC} = pr}$

T28 Sejam **a**, **b** e **c** os lados de um triângulo inscrito em uma circunferência de raio R. Então sua área A é dada por $A = \dfrac{abc}{4R}$.

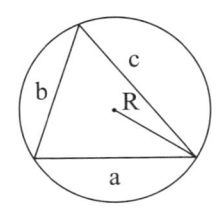

$$\boxed{A_\Delta = \dfrac{abc}{4R}}$$

Demonstração:

Pela lei dos senos: $\dfrac{a}{\operatorname{sen}\alpha} = 2R \Rightarrow \operatorname{sen}\alpha = \dfrac{a}{2R}$

$A_\Delta = \dfrac{1}{2}bc\operatorname{sen}\alpha \Rightarrow A_\Delta = \dfrac{1}{2}bc \cdot \dfrac{a}{2R}$

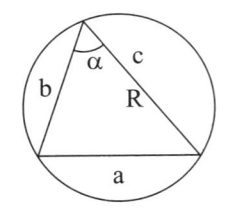

$$\therefore \boxed{A_\Delta = \dfrac{abc}{4R}}$$

EXERCÍCIOS RESOLVIDOS

Resolvido [33] Calcule x nos triângulos abaixo.

a. Triângulo ABC com $AB = 4\sqrt{3}$, $AC = \sqrt{13}$, ângulo em $B = 30°$, $BC = x$.

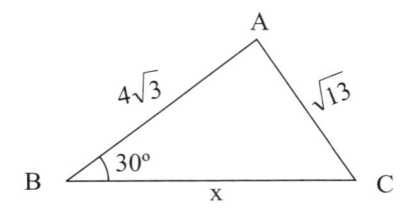

b. Triângulo ABC com $AB = 4\sqrt{3}$, $AC = \sqrt{13}$, ângulo em $B = 30°$, $BC = x$.

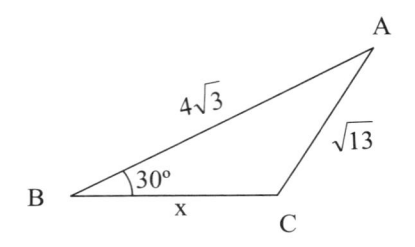

Solução:

a.

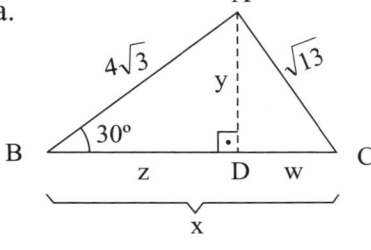

$$\frac{y}{4\sqrt{3}} = \text{sen}\,30° \Rightarrow \frac{y}{4\sqrt{3}} = \frac{1}{2} \Rightarrow \mathbf{y = 2\sqrt{3}}$$

$$\frac{z}{4\sqrt{3}} = \cos 30° \Rightarrow \frac{z}{4\sqrt{3}} = \frac{\sqrt{3}}{2} \Rightarrow \mathbf{z = 6}$$

$$w^2 + y^2 = (\sqrt{13})^2 \Rightarrow w^2 + (2\sqrt{3})^2 = (\sqrt{13})^2 \Rightarrow \mathbf{w = 1}$$

$$x = z + w \Rightarrow x = 6 + 1 \Rightarrow \boxed{x = 7}$$

b.

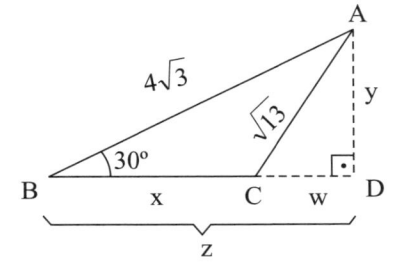

$$\frac{y}{4\sqrt{3}} = \text{sen}\,30° \Rightarrow \frac{y}{4\sqrt{3}} = \frac{1}{2} \Rightarrow \mathbf{y = 2\sqrt{3}}$$

$$\frac{z}{4\sqrt{3}} = \cos 30° \Rightarrow \frac{z}{4\sqrt{3}} = \frac{\sqrt{3}}{2} \Rightarrow \mathbf{z = 6}$$

$$w^2 + y^2 = (\sqrt{13})^2 \Rightarrow w^2 + (2\sqrt{3})^2 = (\sqrt{13})^2 \Rightarrow \mathbf{w = 1}$$

$$x = z - w \Rightarrow x = 6 - 1 \Rightarrow \boxed{x = 5}$$

Resposta: a) 7 b) 5

Resolvido 34 Um triângulo tem um ângulo de 30° e o lado oposto a ele mede $\sqrt{13}$ cm. Calcule a medida do lado adjacente ao ângulo 30°, se o outro medir $4\sqrt{3}$ cm.

Solução:

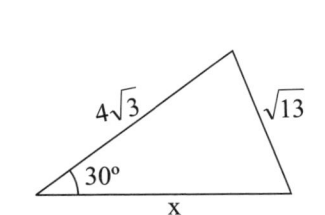

Pela lei dos Co-senos

$$(\sqrt{13})^2 = (4\sqrt{3})^2 + x^2 - 2.4\sqrt{3}\,x.\cos 30°$$

$$13 = 48 + x^2 - 2.\,4\sqrt{3}.x.\frac{\sqrt{3}}{2}$$

$$x^2 - 12x + 35 = 0$$

$$(x - 5)(x - 7) = 0$$

$$\therefore x = 5 \quad \text{ou} \quad x = 7$$

Resposta: 5 cm ou 7 cm

Resolvido 35 Calcule x na figura abaixo.

Solução:

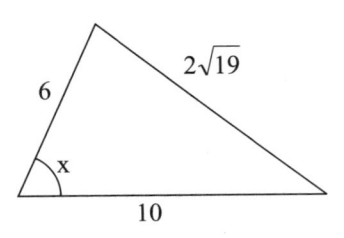

Pela Lei dos Co-senos tem-se:

$$(2\sqrt{19})^2 = 6^2 + 10^2 - 2.\,6\,.\,10\,.\cos x$$

$$4.\,19 = 36 + 100 - 12\,.\,10\,.\cos x \quad (\div 4)$$

$$19 = 9 + 25 - 3\,.\,10\,.\cos x$$

$$19 = 34 - 30\,.\cos x$$

$$30\,.\cos x = 34 - 19 \Rightarrow 30\cos x = 15 \Rightarrow \cos x = \frac{1}{2}$$

$$\therefore x = 60°$$

Resposta: 60°

Resolvido ☐36 Calcule o ângulo α. (Obs: a figura não está desenhada em escala).

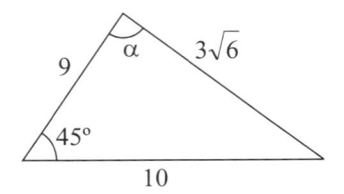

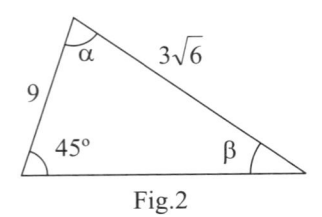

Fig.2

Solução:

Pela Lei dos Senos: (Fig. 2)

$$\frac{9}{\operatorname{sen}\beta} = \frac{3\sqrt{6}}{\operatorname{sen}45°} \Leftrightarrow \frac{9}{\operatorname{sen}\beta} = \frac{3\sqrt{6}}{\frac{\sqrt{2}}{2}} \Leftrightarrow \operatorname{sen}\beta = \frac{\sqrt{3}}{2}$$

Portanto β = 60° ⇒ α + 60° + 45° = 180° ⇒ α = 75°

ou

β = 120° ⇒ α + 120° + 45° = 180° ⇒ α = 15°

Resposta: 15° ou 75°

Resolvido ☐37 Calcule a área do triângulo isósceles ABC.

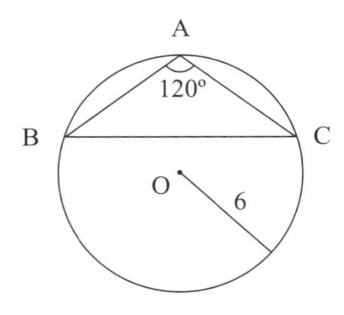

Solução:

1) Lei dos Senos

$$\frac{BC}{\operatorname{sen}120°} = 2 \cdot 6$$

$$\frac{BC}{\frac{\sqrt{3}}{2}} = 12$$

$$BC = 6\sqrt{3}$$

2) $\dfrac{h}{3\sqrt{3}} = \operatorname{tg}30°$

$\dfrac{h}{3\sqrt{3}} = \dfrac{\sqrt{3}}{3} \Rightarrow h = 3$

3) $A_{ABC} = \dfrac{(BC)h}{2} = \dfrac{6\sqrt{3} \cdot 3}{2}$

$\boxed{A_{ABC} = 9\sqrt{3}}$

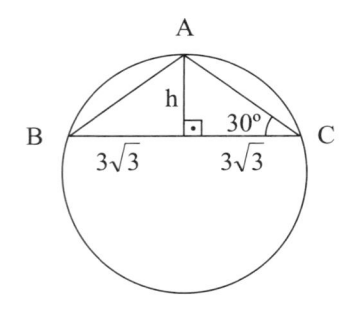

Resposta: $9\sqrt{3}$

Geometria Plana - 9º ano — Relações Métricas num Triângulo qualquer

EXERCÍCIOS PROPOSTOS

91 Determine o valor de x nos casos abaixo.

a.

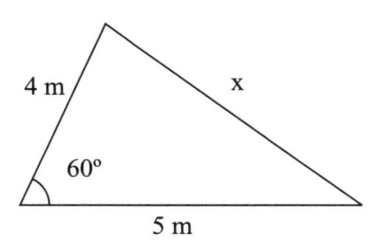

- 4 m, x, 60°, 5 m

b.

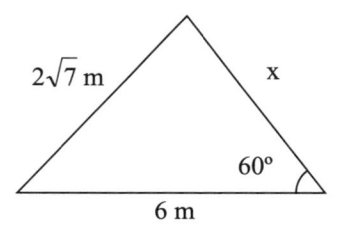

- $2\sqrt{7}$ m, x, 60°, 6 m

c.

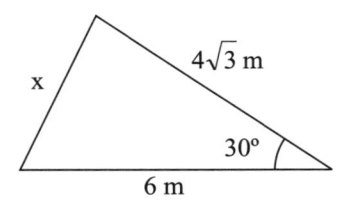

- x, $4\sqrt{3}$ m, 30°, 6 m

d.

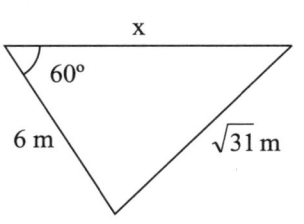

- x, 60°, 6 m, $\sqrt{31}$ m

e.

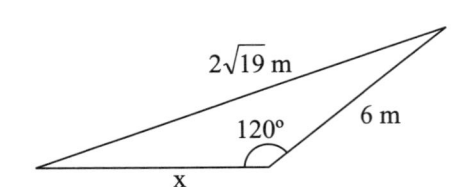

- $2\sqrt{19}$ m, 6 m, 120°, x

f.

- $\sqrt{3}$ m, 150°, 2 m, x

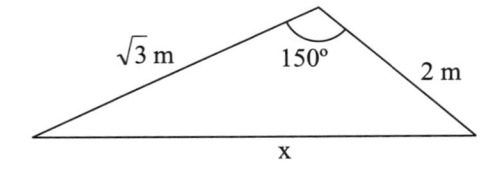

Geometria Plana - 9º ano Relações Métricas num Triângulo qualquer

92 Determine o valor do ângulo x.

a.

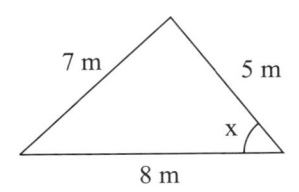

7 m, 5 m, 8 m, x

b.

7, 3, 5, x

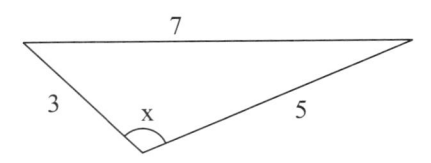

93 Determine x na figura abaixo.

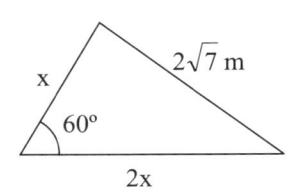

x, 2√7 m, 60°, 2x

94 As diagonais do paralelogramo abaixo medem 8 m e 12 m e formam um ângulo de 60°. Determine as medidas dos lados do paralelogramo.

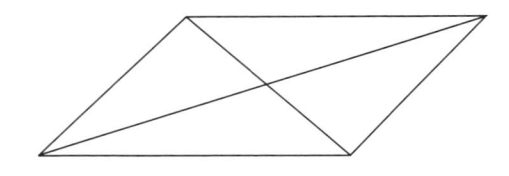

95 Determine o valor de x nos casos abaixo.

a.

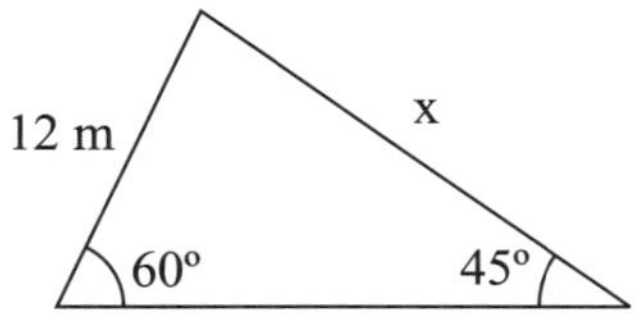

b.

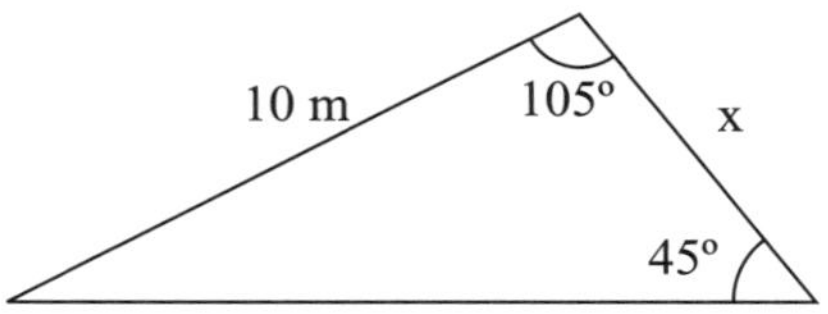

c.

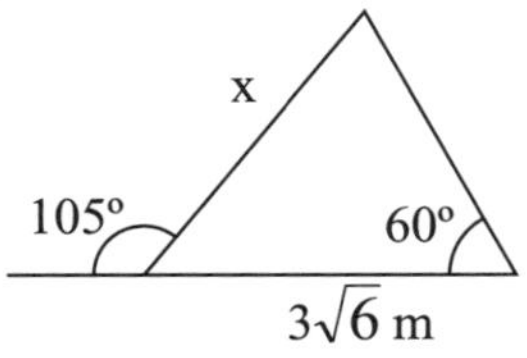

d.

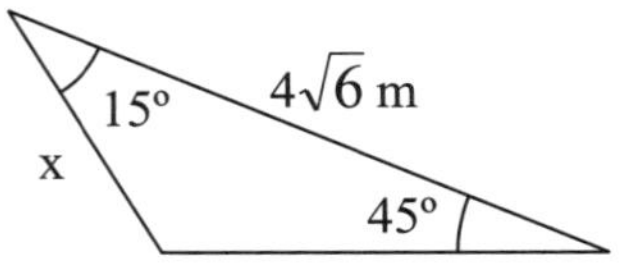

e.

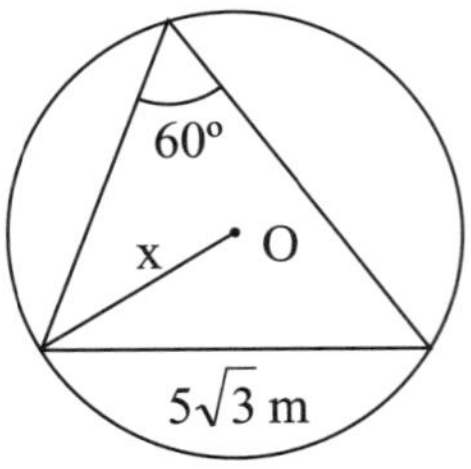

f.

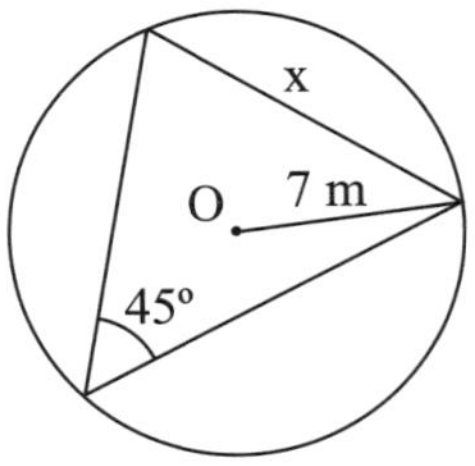

96 Determine a medida do ângulo α.

a.

b.

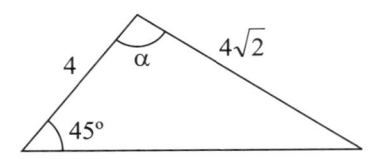

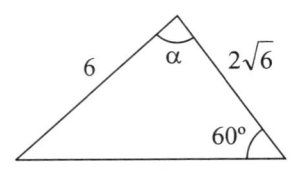

97 Determine a medida do ângulo α nos casos:

a.

b.

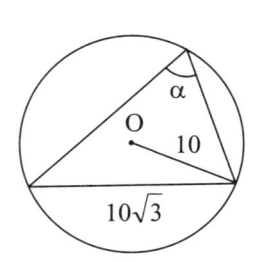

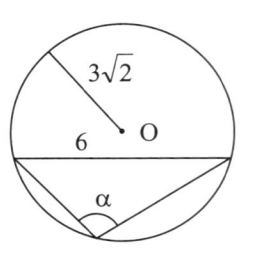

98 Determine os valores de x e y da figura abaixo.

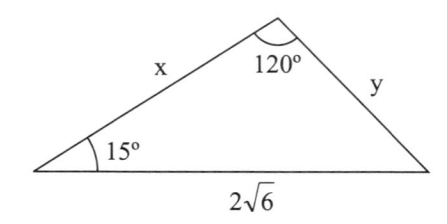

99 Calcule o valor de x nos casos:

a.

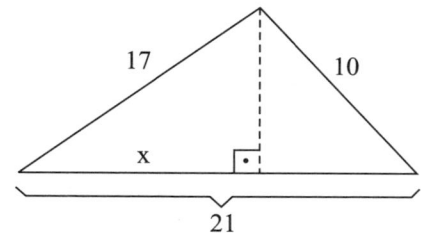

```
      17  /\  10
         /  \
    ___x____|___
         21
```

b.

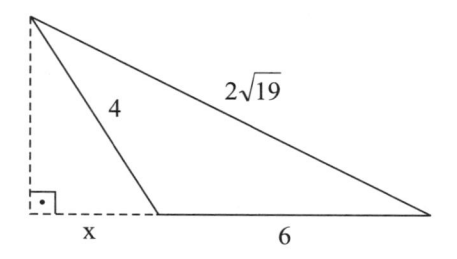

```
   |\
   | \   2√19
   |4 \
   |_____
    x    6
```

100 Calcule x e y nos casos:

a.

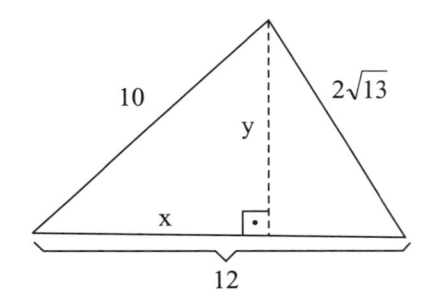

```
     10 /\ 2√13
       / y\
    __x___|___
        12
```

b.

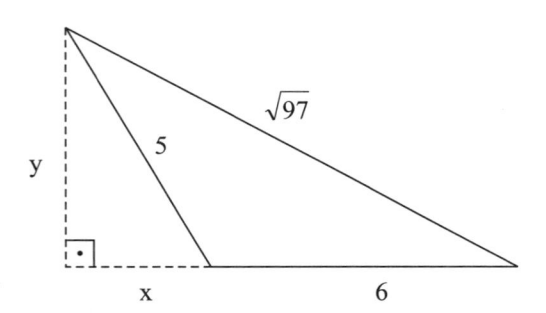

```
   |\
   |y\   √97
   | 5\
   |_____
    x    6
```

[101] Calcule x e y nos casos abaixo:

a.

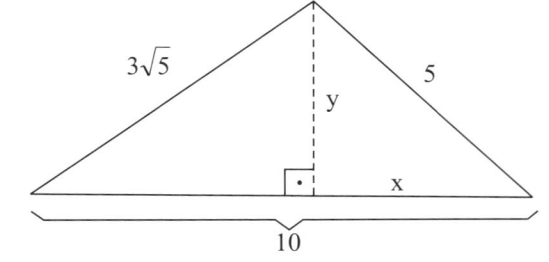

b.

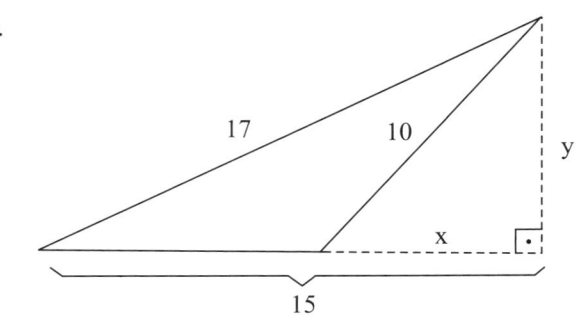

[102] Um triângulo tem lados 5 cm, 7 cm e 8 cm. Determine a projeção do menor lado sobre o maior.

[103] Um triângulo tem lados 6 cm, 8 cm e 12 cm. Calcule a medida da mediana relativa ao lado de 12 cm.

VIII POLÍGONOS REGULARES

A) DEFINIÇÕES

Polígono eqüilátero: é qualquer polígono convexo cujos lados são todos congruentes.

Polígono eqüiângulo: é qualquer polígono convexo cujos ângulos internos são congruentes.

Polígono regular: é qualquer polígono eqüilátero e eqüiângulo.

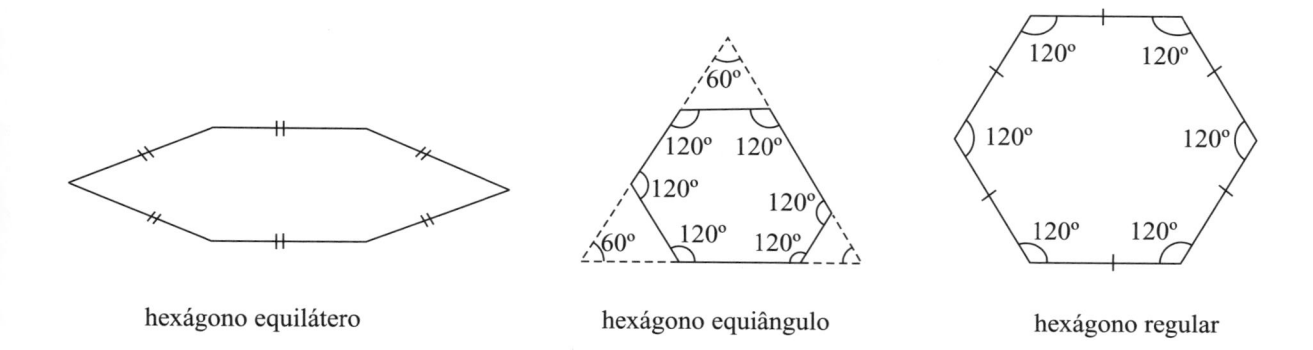

hexágono equilátero   hexágono equiângulo   hexágono regular

B) T29

Todo polígono regular é inscritível e circunscritível, isto é, admite uma circunferência que passa pelos seus vértices e outra que tangencia seus lados, e elas são concêntricas.

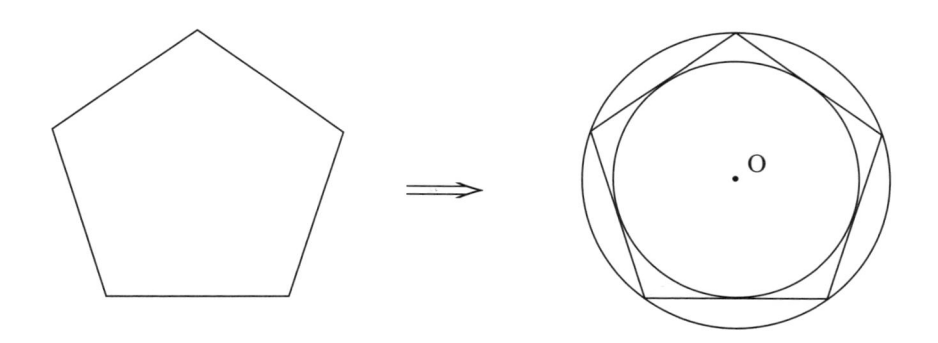

C) ELEMENTOS NOTÁVEIS

Centro de um polígono regular é o centro comum das circunferências inscrita e circunscrita.

Apótema de um polígono regular é o raio da circunferência nele inscrita.

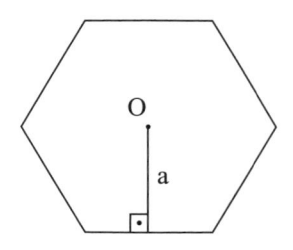

D) CÁLCULO DO LADO E APÓTEMA DOS PRINCIPAIS POLÍGONOS REGULARES

D1 - Revisão

A diagonal de um quadrado é igual ao lado vezes $\sqrt{2}$.

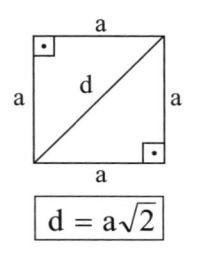

$$d = a\sqrt{2}$$

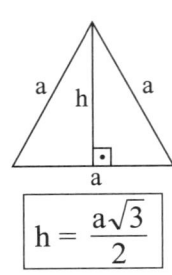

A altura de um triângulo eqüilátero é igual a metade do lado vezes $\sqrt{3}$.

$$h = \frac{a\sqrt{3}}{2}$$

D2 - Lado e Apótema do Quadrado

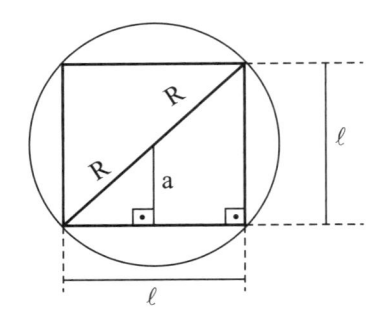

1) diag = (lado) $\sqrt{2}$

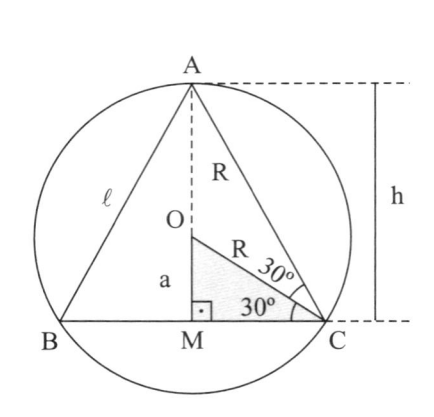

$2R = \ell\sqrt{2} \Rightarrow \ell = \dfrac{2R}{\sqrt{2}} \Rightarrow \boxed{\ell = R\sqrt{2}}$

2) $a = \dfrac{1}{2}\ell \Rightarrow \boxed{a = \dfrac{R\sqrt{2}}{2}}$

D3 - Lado e Apótema do Hexágono Regular

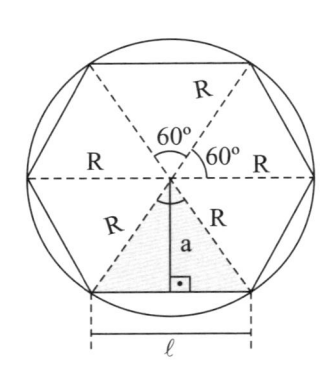

A figura ao lado ilustra a decomposição do hexágono em seis triângulos eqüiláteros.

No triângulo eqüilátero sombreado tem-se:

① $\boxed{\ell = R}$

② $\boxed{a = \dfrac{R\sqrt{3}}{2}}$

D4 - Lado e Apótema do Triângulo Eqüilátero

1) $\triangle OMC: \dfrac{a}{R} = \text{sen}\, 30° \Rightarrow \dfrac{a}{R} = \dfrac{1}{2} \Rightarrow \boxed{a = \dfrac{R}{2}}$

2) $h = R + a$

$\dfrac{\ell\sqrt{3}}{2} = R + \dfrac{R}{2} \Rightarrow \dfrac{\ell\sqrt{3}}{2} = \dfrac{3R}{2} \Rightarrow \boxed{\ell = R\sqrt{3}}$

E) ÁREA DE UM POLÍGONO REGULAR

T30 A área de um polígono regular é igual ao produto de seu semiperímetro pelo apótema.

Demonstração:

Seja um polígono regular de **n** lados e centro **O**. Pode-se decompô-lo em **n** triângulos isósceles (veja a figura ao lado). Então

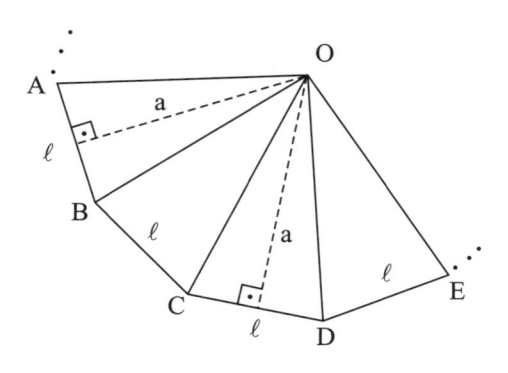

$A_{pol} = n \cdot$ (área de $\triangle$ OAB)

$A_{pol} = n \cdot \left(\dfrac{\ell \cdot a}{2}\right) \Rightarrow A_{pol} = \dfrac{n\ell}{2} \cdot a \Rightarrow \boxed{A_{pol} = pa}$

EXERCÍCIOS RESOLVIDOS

Resolvido 38 Na figura abaixo, ABCD é quadrado de lado 8 cm. Calcule os raios das circunferências.

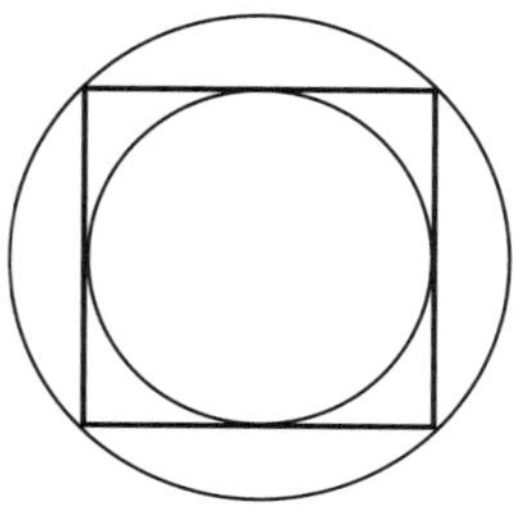

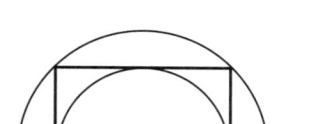

Solução:

1) $r + r = 8 \Rightarrow \mathbf{r = 4\ cm}$

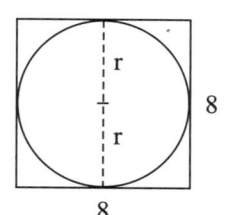

2) diagonal = lado.

$2R = 8\sqrt{2}$

$\mathbf{R = 4\sqrt{2}\ cm}$

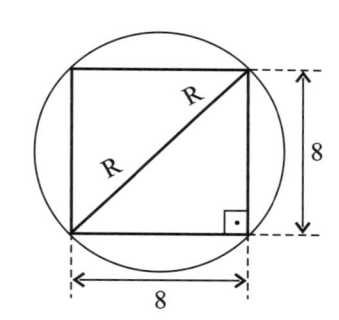

Resposta: $4\ cm$ e $4\sqrt{2}\ cm$

Resolvido 39 Na figura abaixo, ABC é eqüilátero. Calcule os raios das circunferências.

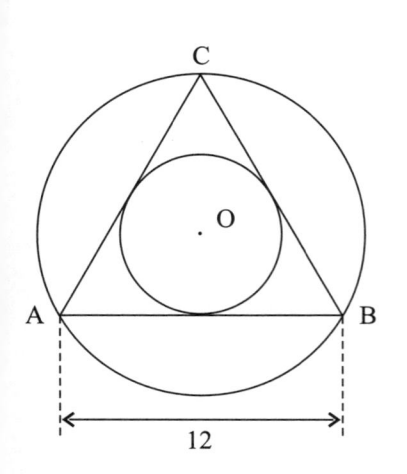

Solução:

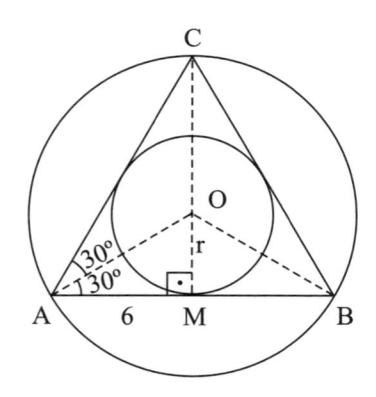

1) No $\triangle$ OAM:

$\dfrac{r}{6} = \text{tg}\, 30° \Rightarrow \dfrac{r}{6} = \dfrac{\sqrt{3}}{3} \Rightarrow \mathbf{r = 2\sqrt{3}}$

2) Note que

$\dfrac{r}{OA} = \text{sen}\, 30° \Rightarrow \dfrac{r}{OA} = \dfrac{1}{2} \Rightarrow OA = 2r$

Como $OA = OB = OC$, o raio da circunferência maior é igual a $2r = 4\sqrt{3}$

Resposta: $2\sqrt{3}\ cm$ e $4\sqrt{3}\ cm$

Geometria Plana - 9º ano   Polígonos Regulares

Resolvido ⎣40⎦ Calcule os raios das circunferências inscrita e circunscrita a um hexágono regular de lado 6 cm.

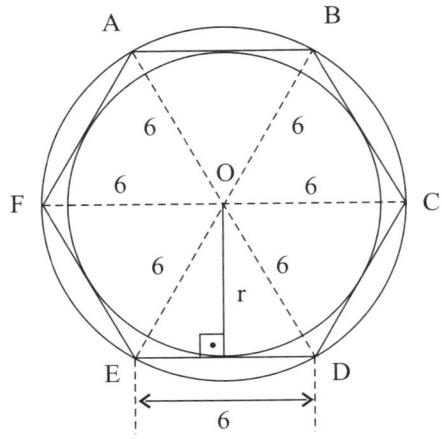

Solução:

Dividindo o hexágono em triângulos eqüiláteros, tem-se
OA = 6 ⟹ raio da circunf. maior = 6
∴ R = 6 cm

raio da circunf. menor = altura do Δ ODE

$$r = \frac{6\sqrt{3}}{2} \Rightarrow r = 3\sqrt{3} \text{ cm}$$

Resposta: $3\sqrt{3}$ cm e 6 m.

Resolvido ⎣41⎦ Calcule o raio da circunferência circunscrita e o lado do polígono regular, dado o apótema, nos casos abaixo.

a. b. 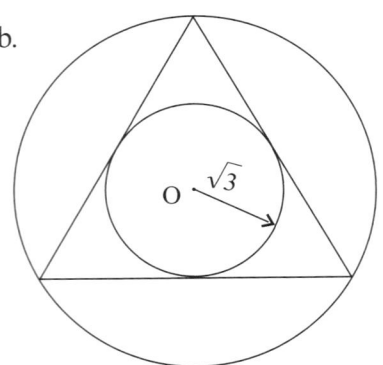 c.

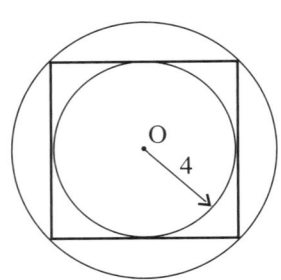

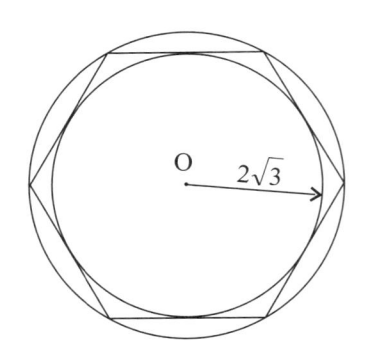

Solução:

a.

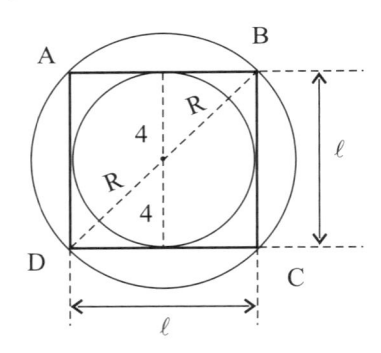

1) $\ell = 4 + 4 \Rightarrow \ell = 8$

2) diagonal = $\ell \cdot \sqrt{2}$

   $2R =$

   $R = 4\sqrt{2}$

Resposta: $\ell = 8$, $R = 4\sqrt{2}$

b.

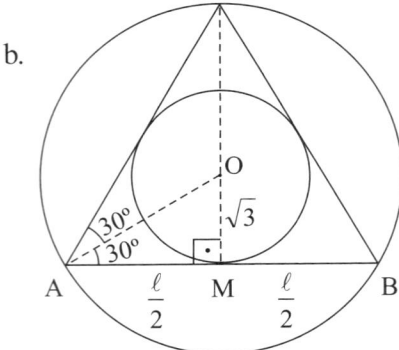

1) Δ OMA: $\dfrac{\sqrt{3}}{\frac{\ell}{2}} = \text{tg } 30º$

   $\dfrac{2\sqrt{3}}{\ell} = \dfrac{\sqrt{3}}{3}$

   $\ell = 6$

2) $\dfrac{\sqrt{3}}{OA} = \text{sen } 30º$

   $\dfrac{\sqrt{3}}{R} = \dfrac{1}{2}$ $R = 2\sqrt{3}$

Resposta: $\ell = 6$, $R = 2\sqrt{3}$

c.

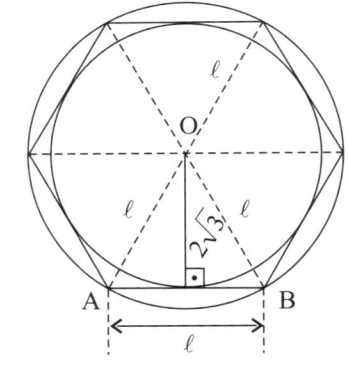

1) Δ OAB: $\dfrac{\ell\sqrt{3}}{2} = 2\sqrt{3}$

   $\ell = 4$

2) $R = \ell \Rightarrow R = 4$

Resposta: $\ell = 4$, $R = 4$

Geometria Plana - 9º ano — *Polígonos Regulares*

Resolvido 42 Calcule o apótema (raio da circunferência inscrita) e o lado do polígono regular, dado que o raio da circunferência circunscrita é 12 cm nos casos abaixo:

a. b. 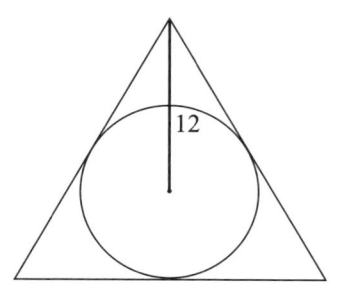 c.

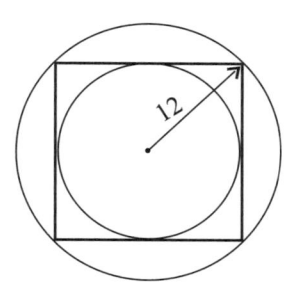

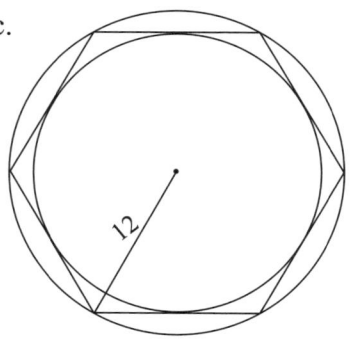

Solução:

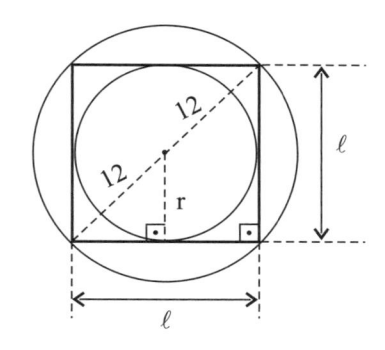

a.

1) $\ell\sqrt{2} = 24 \Rightarrow \ell = 12\sqrt{2}$

2) $r = \dfrac{\ell}{2} \Rightarrow r = \dfrac{12\sqrt{2}}{2} \Rightarrow r = 6\sqrt{2}$

Resposta: $\ell = 12\sqrt{2}$ cm

$r = 6\sqrt{2}$ cm

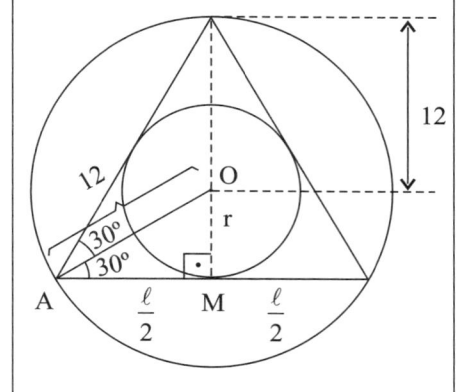

b.

1) Δ OMA

$\dfrac{\frac{\ell}{2}}{12} = \cos 30°$

$\dfrac{\ell}{24} = \dfrac{\sqrt{3}}{2} \Rightarrow \ell = 12\sqrt{3}$

2) $\dfrac{r}{12} = \operatorname{sen} 30°$

2) $\dfrac{r}{12} = \dfrac{1}{2} \Rightarrow r = 6$

Resposta: $\ell = 12\sqrt{3}$ cm

$r = 6$ cm

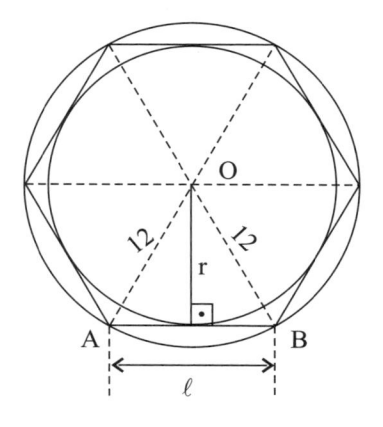

c.

1) Δ OAB $\Rightarrow \ell = 12$

$r = \dfrac{\ell\sqrt{3}}{2} \Rightarrow r = \dfrac{12\sqrt{3}}{2} \Rightarrow r = 6\sqrt{3}$

Resposta: $\ell = 12$ cm

$r = 6\sqrt{3}$ cm

EXERCÍCIOS PROPOSTOS

104 Expresse o lado do polígono regular em função do raio R da circunferência em que está inscrito, nos casos:

a. hexágono regular

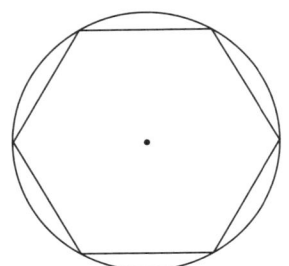

b. quadrado

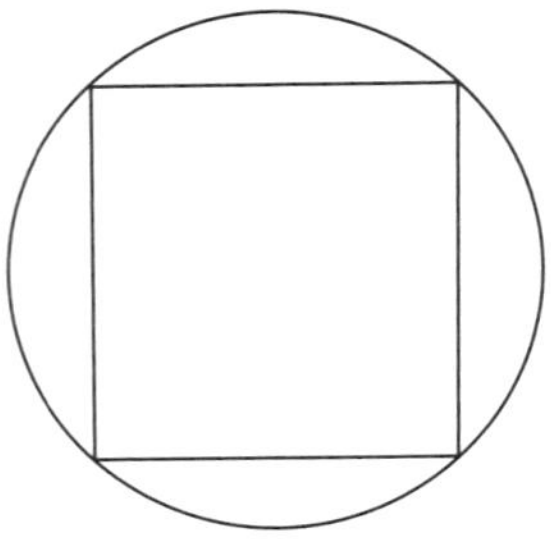

c. triângulo eqüilátero

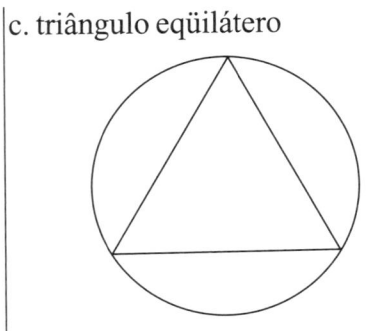

105 Expresse o apótema do polígono regular em função do raio R da circunferência em que está inscrito, nos casos:

a. hexágono regular

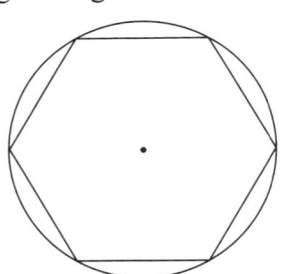

b. quadrado

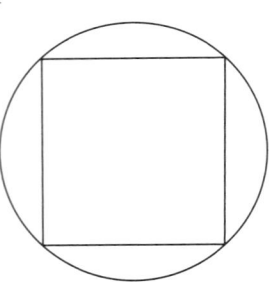

c. triângulo eqüilátero

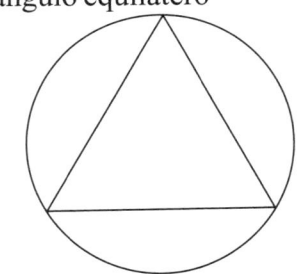

106 Determine o lado do polígono inscrito numa circunferência de raio 6 m, no caso em que esse polígono for um:

a. hexágono regular

b. quadrado

c. triângulo eqüilátero

107 Determine o raio da circunferência que circunscreve um polígono de lado 6 m, no caso em que esse polígono for um:

a. hexágono regular	b. quadrado	c. triângulo eqüilátero

108 Determine o apótema do polígono inscrito em uma circunferência de raio 12 m, no caso em que esse polígono for um:

a. hexágono regular

b. quadrado

c. triângulo eqüilátero

109 Determine o raio da circunferência que circunscreve um polígono regular de apótema 12 m, no caso em que esse polígono for um:

a. hexágono regular

b. quadrado

c. triângulo eqüilátero

110 Determine o lado do polígono circunscrito a uma circunferência de raio 6 m, no caso em que esse polígono for um:

a. hexágono regular

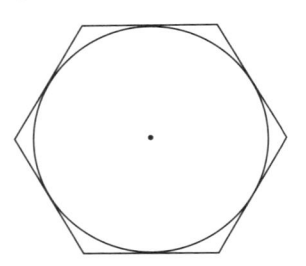

b. quadrado

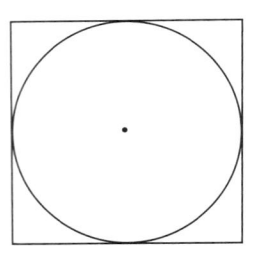

c. triângulo eqüilátero

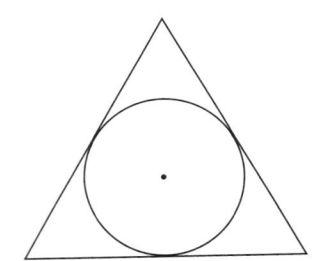

111 Determine o raio da circunferência inscrita num polígono de lado 18 m, no caso desse polígono ser um:

a. hexágono regular

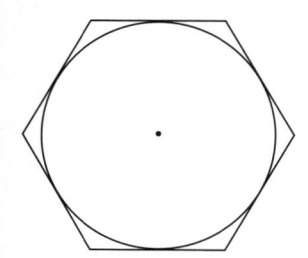

b. quadrado

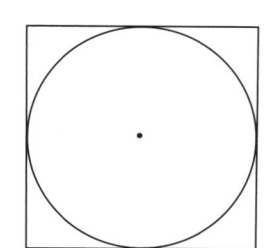

c. triângulo eqüilátero

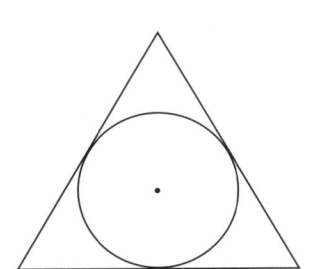

IX COMPRIMENTO DA CIRCUNFERÊNCIA E ÁREA DO CÍRCULO

A) PROPRIEDADE

Admitiremos, sem demonstração, a seguinte propriedade: duas circunferências têm seus comprimentos proporcionais a seus diâmetros.

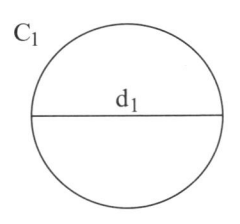

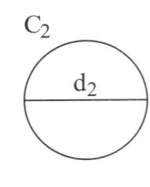

$$\frac{C_1}{d_1} = \frac{C_2}{d_2}$$

C: comprimento da circunferência
d: diâmetro

B) O COMPRIMENTO DA CIRCUNFERÊNCIA

A razão entre o comprimento de uma circunferência e o seu diâmetro $\left(\dfrac{C}{d}\right)$ é constante para todas as circunferências e é igual a π.

Isto é,

$$\frac{C}{2d} = \pi \implies \frac{C}{2R} = \pi \implies \boxed{C = 2\pi R}$$

Arquimedes, por volta de 250 A.C, estimou que $3\dfrac{10}{71} < \pi < 3\dfrac{10}{70}$, o que dá $\pi = 3,14$, com algarismos exatos até centésimos. Desde então tem-se calculado aproximações para π com um número cada vez maior de casas decimais, tarefa que conta atualmente com auxílio de supercomputadores e algoritmos melhores do que os utilizado por Arquimedes.

C) A ÁREA DO CÍRCULO

Vimos que a área de um polígono regular é igual ao produto de seu semiperímetro pelo apótema.

$$\boxed{A_{pol} = p \cdot r}$$

Seja um círculo de raio R. Considerando-se os polígonos regulares inscritos e os circunscritos, e o aumento progressivo do número de lados, tem-se que

′ as áreas dos polígonos se aproximam da área do círculo.

′ os perímetros dos polígonos se aproximam do perímetro do círculo.

′ os apótemas dos polígonos se aproximam do raio do círculo.

Assim,

$$A_{círc} = (\text{semiperímetro}) \cdot (\text{apótema})$$

$$A_{círc} = \pi R \cdot R \implies \boxed{A_{círc} = \pi R^2}$$

D) ÁREA DA COROA CIRCULAR

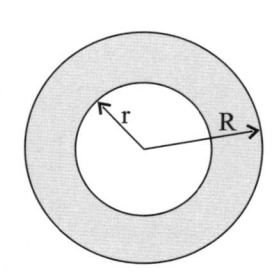

$$A_{coroa} = \pi R^2 - \pi r^2$$

$$\boxed{A_{coroa} = \pi (R^2 - r^2)}$$

E) ÁREA DO SETOR CIRCULAR

E1 - Em função do ângulo central em graus e do raio.

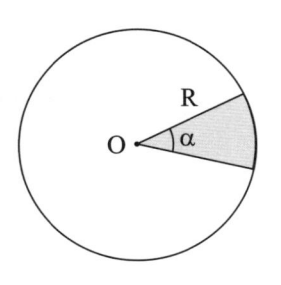

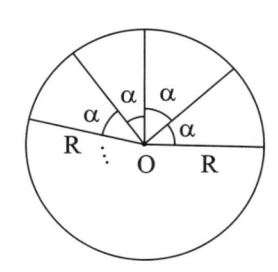

Tem-se

$$\frac{360°}{\alpha} = \frac{\pi R^2}{A_{setor}}$$

$$\therefore \boxed{A_{setor} = \frac{\alpha}{360°} \pi R^2}$$

setor de α graus e raio R

E2 - Em função do comprimento do arco e do raio

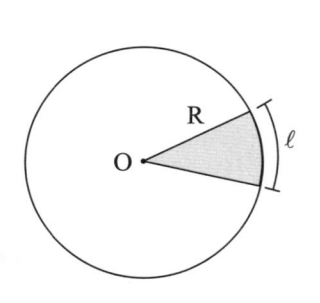

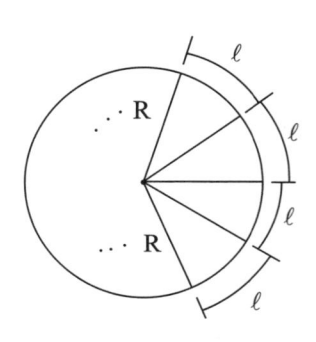

Tem-se:

$$\frac{2\pi R}{\ell} = \frac{\pi R^2}{A_{setor}}$$

$$A_{setor} = \frac{\ell R}{2}$$

setor de arco ℓ e raio R

F) ÁREA DO SEGMENTO CIRCULAR

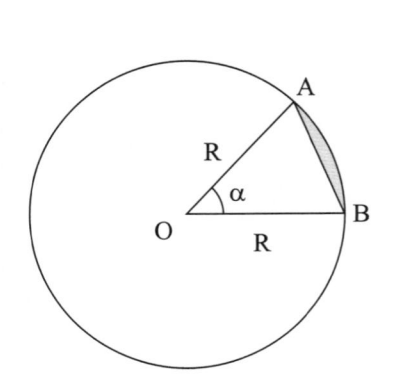

$$A_{seg} = A_{\substack{setor \\ OAB}} - A_{\triangle OAB}$$

$$A_{seg} = \frac{\alpha}{360°} \cdot \pi R^2 - \frac{1}{2} R^2 \operatorname{sen} \alpha$$

$$\boxed{A_{seg} = \frac{\alpha}{360°} \pi R^2 - \frac{1}{2} R^2 \operatorname{sen} \alpha}$$

EXERCÍCIOS RESOLVIDOS

Resolvido $\boxed{43}$ Calcule o comprimento da circunferência e a área do círculo de raio 3 cm.

Solução:

C: comprimento da circunferência

$C = 2\pi R \Rightarrow C = 2\pi \cdot 3 \Rightarrow$ **C = 6π cm**

$A_{circ} = \pi R^2 \Rightarrow A_{circ} = \pi \cdot 3^2 \Rightarrow$ **A_{circ} = 9π cm²**

Resposta: 6π cm, 9π cm²

Resolvido $\boxed{44}$ Quanto mede o comprimento de uma circunferência cujo círculo correspondente tem 36π cm²?

Solução:

$A_{circ} = 36\pi \Rightarrow \pi R^2 = 36\pi \Rightarrow$ **R = 6 cm**

$C = 2\pi R \Rightarrow C = 2\pi \cdot 6 \Rightarrow$ **C = 12π cm**

Resposta: 12π cm

Resolvido $\boxed{45}$ Calcule a área de um círculo cuja circunferência mede 18π cm.

Solução:

$C = 18\pi \Rightarrow 2\pi R = 18\pi \Rightarrow$ **R = 9 cm**

$A = \pi R^2 \Rightarrow A = \pi \cdot 9^2 \Rightarrow$ **A = 81π cm²**

Resposta: 81π cm²

Resolvido $\boxed{46}$ Determine a área de círculo cuja área é numericamente igual ao comprimento de sua circunferência.

Solução:

1) $A_{circ} = C \Rightarrow \pi R^2 = 2\pi R \Rightarrow \pi R^2 - 2\pi R = 0$

$\Rightarrow \pi R(R-2) = 0 \Rightarrow R = 0$ (não convém) ou $R - 2 = 0 \therefore R = 2$

2) $A_{circ} = \pi R^2 \Rightarrow A_{circ} = \pi \cdot R^2 \Rightarrow A_{circ} = 4\pi$

Resposta: 4π

Resolvido $\boxed{47}$ Calcule a área da região sombreada, dado que ABCDEF é hexágono regular de lado 6 cm e que os arcos têm centros em **A** e **D**.

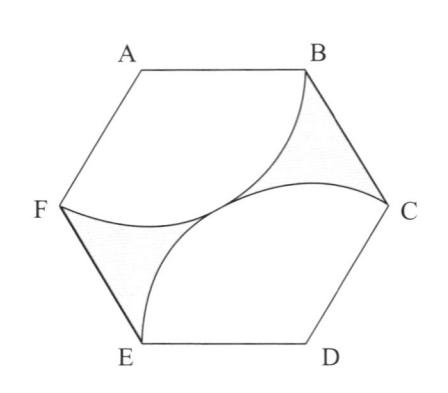

Solução:

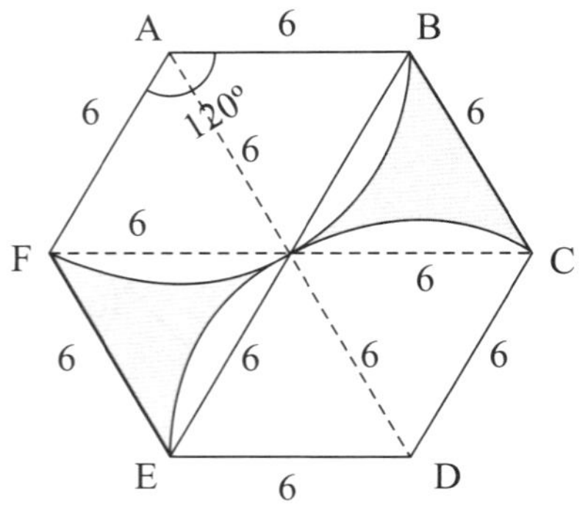

1) $A_{HEX} = 6 \cdot [A_\Delta]$

$A_{HEX} = 6 \cdot \left[\dfrac{6^2\sqrt{3}}{4}\right]$

$A_{HEX} = 54\sqrt{3}$ cm²

2) $A_{setor} = \dfrac{120°}{360°} \cdot \pi \cdot R^2$

$A_{setor} = \dfrac{1}{3} \cdot \pi \cdot 6^2 \Rightarrow A_{setor} = 12\pi$ cm²

3) A_S = área sombreada

$A_S = A_{HEX} - 2 \cdot A_{setor}$

$A_S = 54\sqrt{3} - 2 \cdot 12\pi \Rightarrow$ **$A_S = 6(9\sqrt{3} - 4\pi)$ cm²**

Resposta: $6(9\sqrt{3} - 4\pi)$ cm²

Resolvido 48 Calcule a área da região sombreada, sabendo que os arcos têm centros em A e em M.

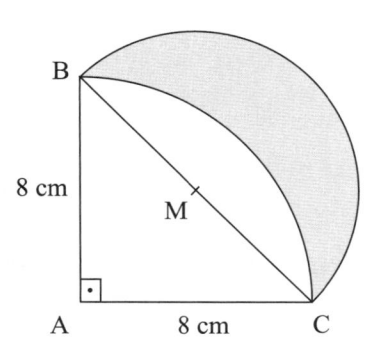

Solução:

1) $BC = 8\sqrt{2}$

2) A_{seg} : área segmento

$$A_{seg} = A_{\underset{ABC}{setor}} - A_{\triangle ABC}$$

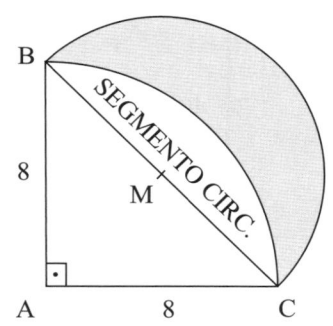

$$A_{seg} = \frac{90°}{360°} \cdot \pi \cdot 8^2 - \frac{8 \cdot 8}{2} \Rightarrow A_{seg} = 16\pi - 32$$

3) A_S: área sombreada

$$A_S = A_{semicírc} - A_{seg} \Rightarrow A_S = \frac{1}{2}\pi\left(\frac{BC}{2}\right)^2 - (16\pi - 32) \Rightarrow$$

$$\Rightarrow A_S = \frac{1}{2}\pi(4\sqrt{2})^2 - 16\pi + 32 \Rightarrow \mathbf{A_S = 32\ cm^2}$$

Resposta: 32 cm²

Resolvido 49 ABCD é quadrado de lado 8 cm. Calcule a área da região sombreada, sabendo que os arcos têm centros em A e C.

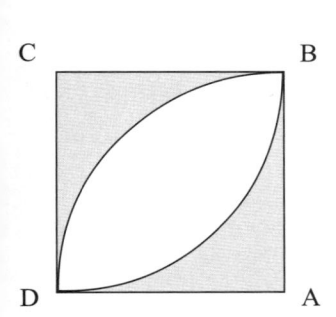

Solução:

1) $A_{seg} = A_{\underset{ABD}{setor}} - A_{\triangle ABD}$

$$A_{seg} = \frac{90°}{360°}\pi \cdot 8^2 - \frac{8 \cdot 8}{2}$$

$$A_{seg} = 16\pi - 32$$

2) A_S = área sombreada

$$A_S = A_{quad} - 2 \cdot A_{seg}$$

$$A_S = 8^2 - 2 \cdot (16\pi - 32)$$

$$A_S = 128 - 32\pi \Rightarrow \mathbf{A_S = 32\,(4-\pi)\ cm^2}$$

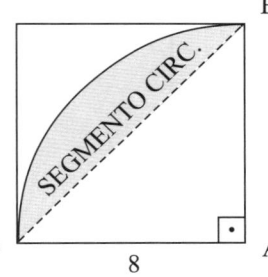

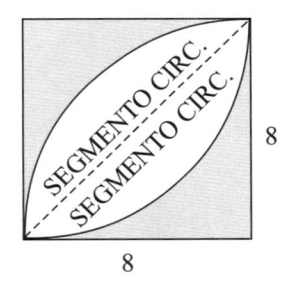

Resposta: 32 (4 − π) cm²

Resolvido 50 Calcule a área da região sombreada, dado que o arco tem centro em A.

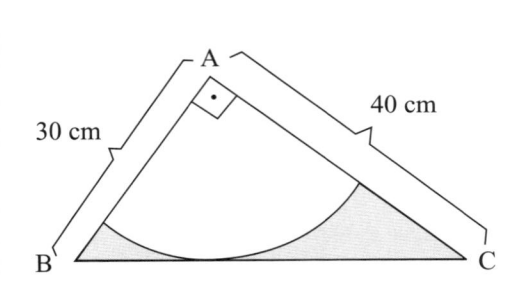

Solução:

1) $a^2 = 30^2 + 40^2$

$a = 50$ cm

2) Relação métrica:

$30 \cdot 40 = a \cdot R$

$30 \cdot 40 = 50 \cdot R \quad R = 24$

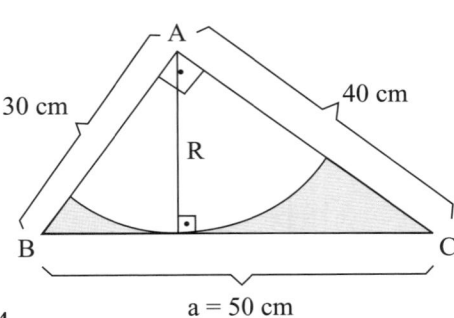

97

3) A_S: área sombreada

$A_S = A_{\triangle ABC} - A_{setor}$

$A_S = \dfrac{30 \cdot 40}{2} - \dfrac{90°}{360°} \cdot \pi \cdot R^2$

$A_S = 600 - \dfrac{1}{4} \cdot \pi \cdot 24^2 \implies \mathbf{A_S = 24(25 - 6\pi)\,cm^2}$

Resposta: $24(25 - 6\pi)\,cm^2$

EXERCÍCIOS PROPOSTOS

112 Determine o comprimento da circunferência em cada caso abaixo:

a. 10 cm

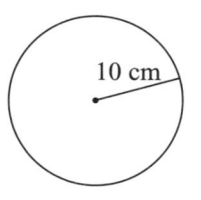

b. 16 m, 24 m

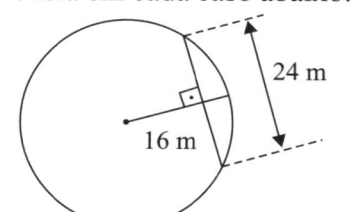

c. 12 m, 6 m

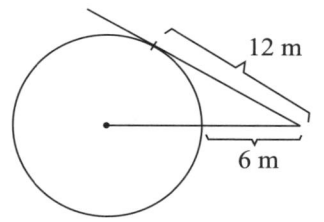

113 Determine o comprimento do arco menor AB em cada caso abaixo:

a. 8 cm

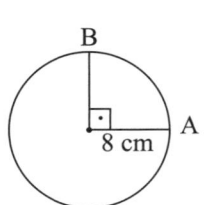

b. 60°, 12

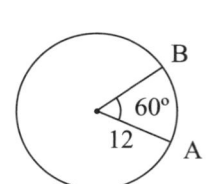

c. 135°, 8 cm

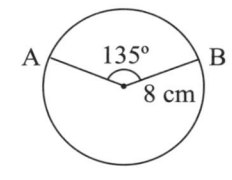

Geometria Plana - 9º ano

Comprimento da Circunferência e Área do Círculo

114 Determine o perímetro da "lua" abaixo, sabendo que o triângulo ABC é equilátero de lado 12 m, e que os arcos têm centros em B e M.

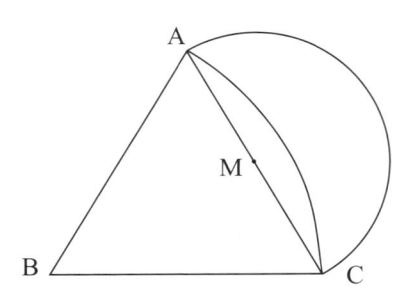

115 Determine o perímetro da figura abaixo, sabendo que os arcos têm raios de 6 m e foram centrados em A, B e C.

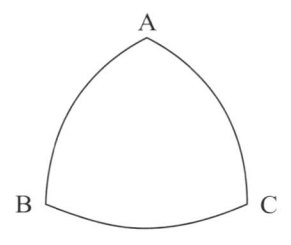

116 Determine a área dos setores sombreados abaixo:

a. 120°, 9 cm

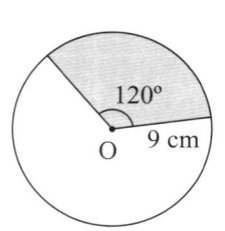

b. 140°, 6 cm

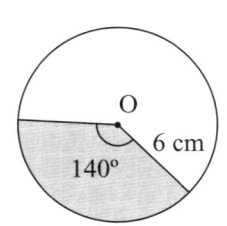

c. 12, 160°

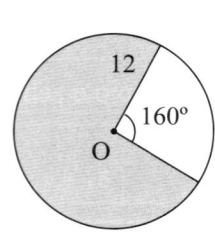

117 Determine a área dos setores sombreados abaixo:

a. 3 cm, 10 cm

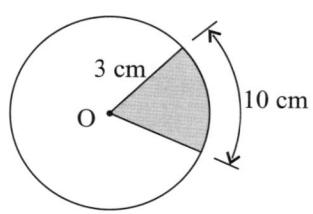

b. 31 cm, 14 cm

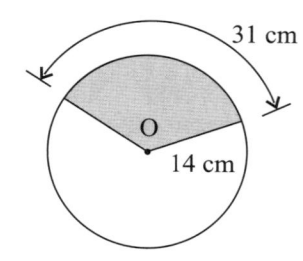

c. 12 cm, 4π cm

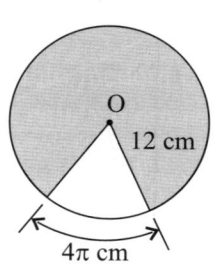

118 Determine a área da região sombreada nos casos:

a. Hexágono regular de lado 18 m

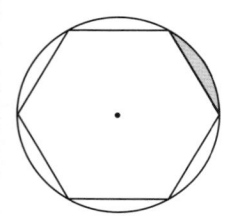

b. quadrado de lado 8 m.

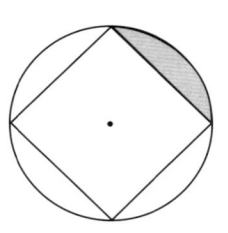

c. Triângulo equilátero de lado 12 m

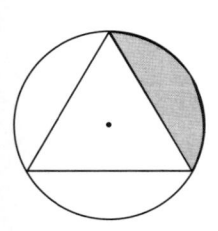

d. Octógono regular inscrito num círculo de raio 16 m

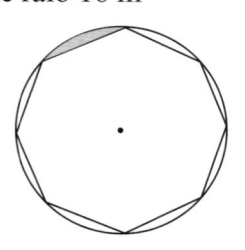

119 Determine a área das coroas circulares abaixo:

a.

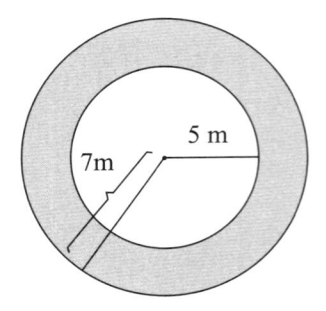

b.

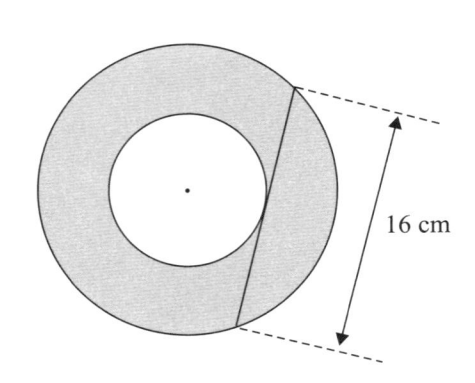

120 Determine a área da região sombreada nos casos abaixo:

a. Hexágono regular de apótema 6 m

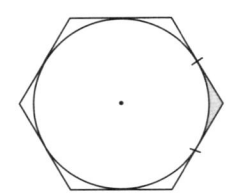

b. Quadrado de diagonal $6\sqrt{2}$ m

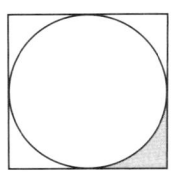

c. Triângulo equilátero de lado 6 m

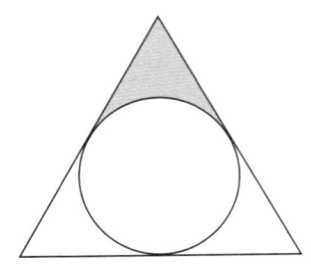

d. Triângulo retângulo onde AB = 6 m e BC = 10 m

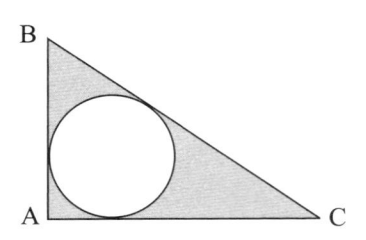

121 Se os quadriláteros abaixo são quadrados, determine a área das regiões sombreadas.

a. 4 m

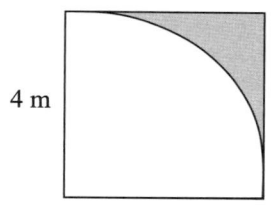

b. 4 m

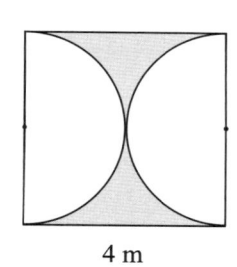

c. 8 m

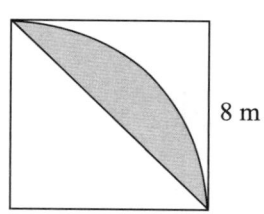

d. 12 m

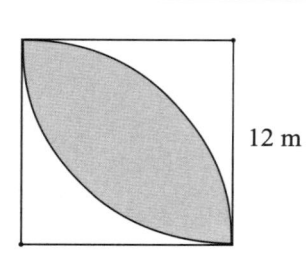

e. 8 m

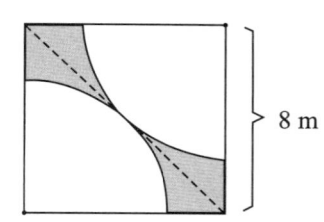

f. 8 m

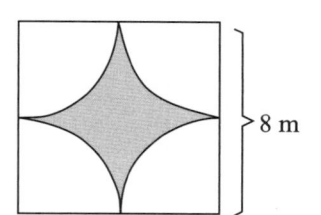

122 Determine a área da região sombreada.

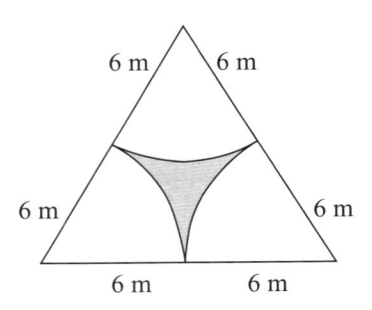

123 Na figura abaixo, ABC é um triângulo equilátero de lado 12 m. Determine a área da região sombreada.

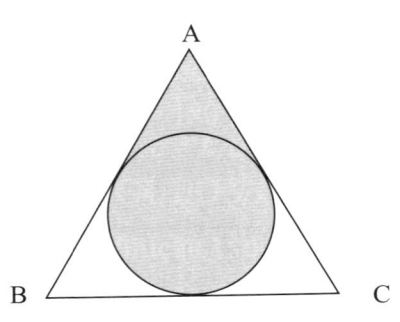

124 ABC é um triângulo equilátero de lado 24 m. Determine a área da região sombreada, sabendo que os arcos têm centros nos pontos C, D e E.

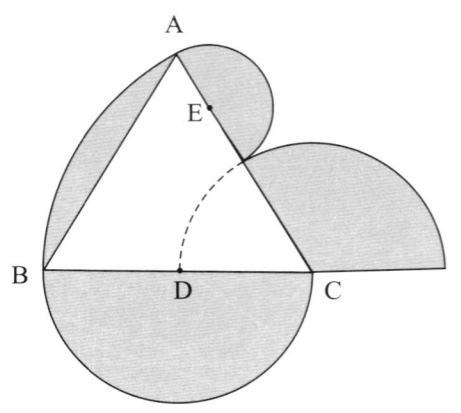

125. Na figura abaixo, ABC é um triângulo equilátero de lado 12 m. Determine a área da região sombreada, sabendo que o arco tem centro em A.

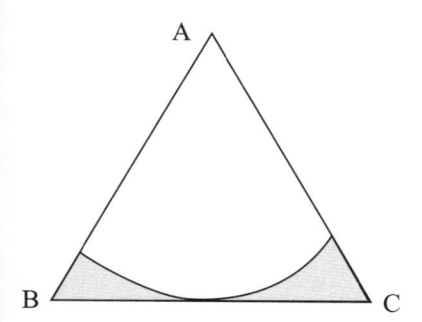

126. Determine a área da região sombreada, sabendo que AB = 15 cm, AC = 20 cm e que o arco tem centro em A.

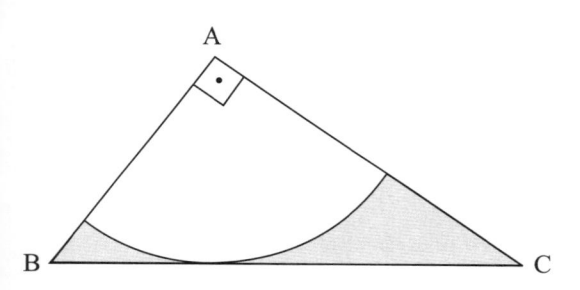

127. Na figura abaixo, determine a área da região sombreada, sabendo que o arco desenhado tem centro em B.

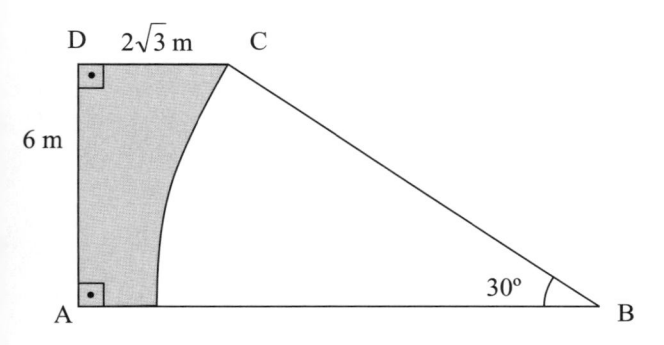

128) Na figura abaixo, ABD é um triângulo retângulo em A, com AD = 12 cm. Determine a área da região sombreada, sabendo que AB = BC = CD.

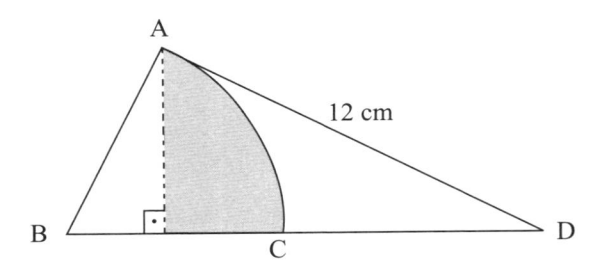

129) Determine a área do semicírculo abaixo, sabendo que AB = AC = BC = 24 m.

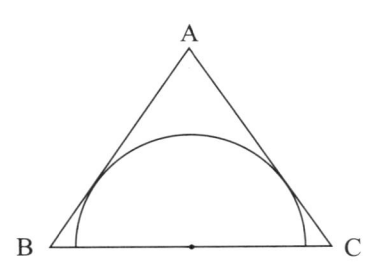

130) Determine a área da região sombreada, sabendo que ABC é triângulo equilátero de lado 12 cm, e que o semicírculo desenhado tem centro no ponto médio de BC.

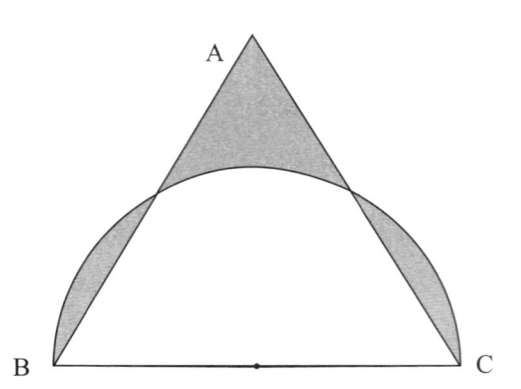

131 Dado que ABCDEF é um hexágono regular de lado 1 m, determine a área da região sombreada.

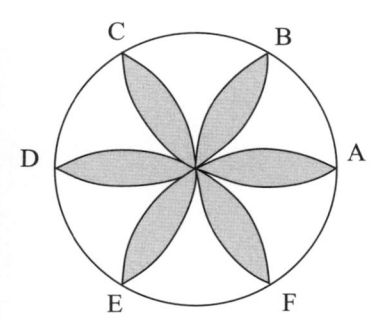

132 Determine a área da região sombreada, sabendo que ABCD é um quadrado de lado 6 m.

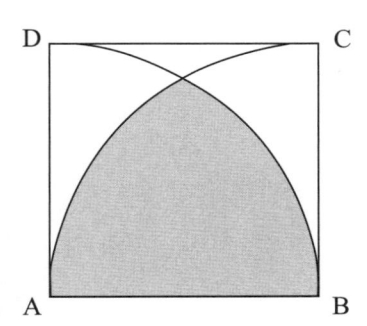

133 Na figura abaixo, ABC é um triângulo equilátero de lado $8\sqrt{3}$ m , sendo que o centro do círculo pertence à altura AH. Determine a área da região sombreada.

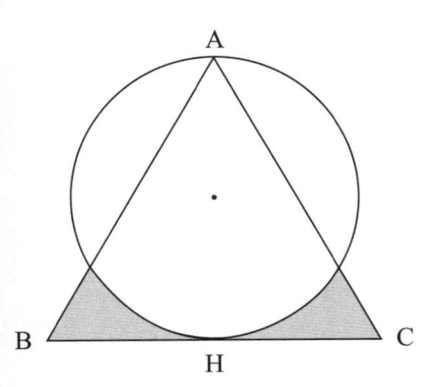

134 Na figura abaixo tem-se AB = AD e CD = 8 cm. Determine a área do quadrilátero ABCD.

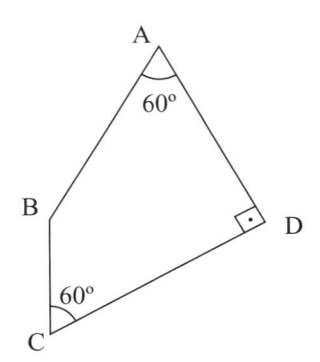

135 Determine a área do triângulo menor da figura abaixo.

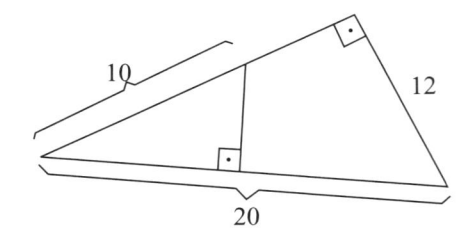

136 Calcule a área da parte sombreada.

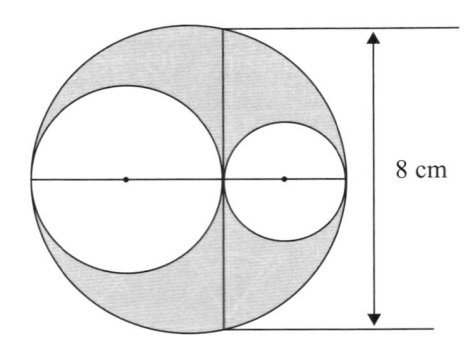

137 Determine a área do círculo abaixo, sabendo que ABCD é um losango cujas diagonais medem 30 m e 40 m.

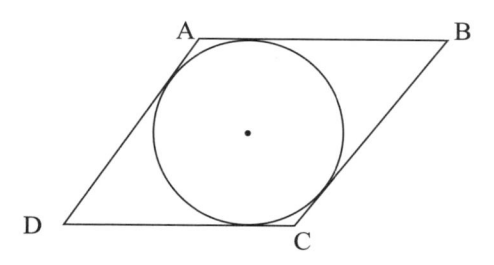

138 Determine a área do círculo menor na figura abaixo.

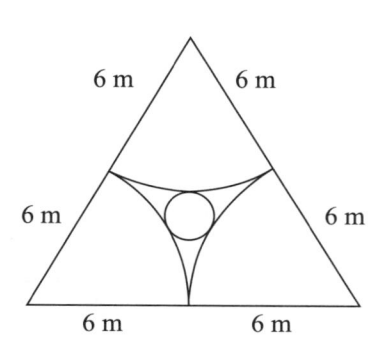

139 Na figura abaixo, os segmentos que formam a região poligonal medem 6 m. Determine a área da região sombreada.

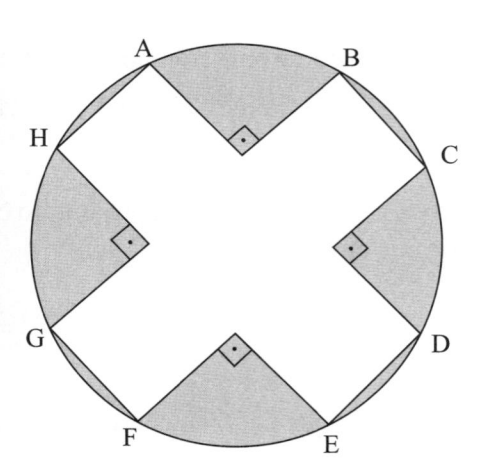

140) Calcule a área de um trapézio retângulo, cujas bases medem 4 cm e 12 cm e o lado oblíquo 10 cm.

141) Calcule a área de um trapézio isósceles de bases 6 cm e 24 cm e perímetro 60 cm.

142) Calcule a área de um triângulo retângulo de cateto 7 cm e hipotenusa 25 cm.

143) Calcule a área de um losango de perímetro 20 cm e diagonal 8 cm.

144) Calcule a área de um retângulo de perímetro 28 cm e diagonal 10 cm.

145) Calcule a área de um quadrado cuja diagonal mede 10 cm.

146) Calcule a área de um triângulo equilátero cuja altura mede $6\sqrt{3}$ cm.

147) O comprimento de uma circunferência é 28π cm. Calcule a área do círculo correspondente.

148) Quanto mede a circunferência de um círculo com 169π cm² de área?

149) A área de um círculo é, numericamente, igual ao comprimento de seu perímetro. Quanto mede o raio desse círculo?

150) Duas circunferências de centros **A** e **B** e de raios 4 cm tangenciam-se externamente. A reta **t** tangencia as circunferências nos pontos **S** e **T**. Calcule a área da região interna ao quadrilátero ABST e externa aos círculos de centros A e B.

151) Um círculo está inscrito num triângulo retângulo de catetos 8 cm e 15 cm. Calcule a área da região interna ao triângulo e externa ao círculo.

152) Um quadrado está inscrito em uma circunferência de raio 6 cm. Calcule a área desse quadrado.

153) Calcule a área de um círculo inscrito num triângulo equilátero de lado 6 cm.

154) Calcule a área de um circulo inscrito em um losango cujas diagonais medem 80 cm e 60 cm.

155) Um quadrado de lado 6 cm está inscrito em um círculo e este círculo está inscrito em um triângulo equilátero. Calcule a área desse triângulo.

156) Calcule a área de um círculo inscrito num triângulo isósceles de base 36 cm e altura relativa à base 24 cm.

157) Calcule a área de um círculo que circunscreve um triângulo retângulo de hipotenusa 12 cm.

158) Num triângulo equilátero ABC de lado 12 cm são traçados dois arcos de circunferência: um com centro em A e raio 12 cm e outro com centro no ponto médio de $\overline{BC}$ e raio 6 cm. Calcule a área da região compreendida entre esses arcos de extremidades **B** e **C**.

159) Num triângulo equilátero de lado 6 cm são traçados os círculos com centros nos vértices do triângulo e raios de 3 cm. Calcule área da região interna ao triângulo e externa aos círculos.

160) As bases de um trapézio retângulo circunscritível medem 9 cm e 18 cm. Calcule o comprimento da circunferência nele inscrita.

161) Três circunferências de mesmo raio são tangentes externamente, de modo que cada uma tangencia as outras duas. Se a distância entre o centro de uma e o ponto de tangência das outras duas é $5\sqrt{3}$ cm, quanto mede a área de cada círculo correspondente?

162. Considere dois círculos: um de centro em A e raio AB = 6 cm e outro de centro em B e raio BA. Calcule a área da região comum a esses dois círculos.

163. A altura de um triângulo equilátero de lado 12 cm é diâmetro de um círculo. Calcule a área da região comum ao triângulo e ao círculo.

164. ABC é um triângulo inscrito num círculo de diâmetro AB = 12 cm. Calcule a área do círculo limitada pelas cordas AB e AC, sabendo que BÂC = 30°.

165. Calcule a área do círculo que circunscreve um octógono regular de lado $\sqrt{2-\sqrt{2}}$.

166. Um triângulo equilátero de lado 6 cm está inscrito em um círculo e este círculo está inscrito em um quadrado. Calcule a diagonal desse quadrado.

167. A circunferência inscrita num triângulo retângulo ABC tangencia a hipotenusa BC no ponto T. Calcule a área do triângulo, dado que BT = 5 cm e CT = 7 cm.

168. O raio da circunferência inscrita e o da circunferência circunscrita a um triângulo retângulo medem 2 cm e 5 cm. Calcule a área desse triângulo.

169. Calcule a área do círculo que circunscreve um triângulo isósceles de base 10 cm e altura relativa a ela de 25 cm.

Testes de Vestibulares

V01 (UFF-RJ) O circuito triangular de uma corrida está esquematizado na figura a seguir.

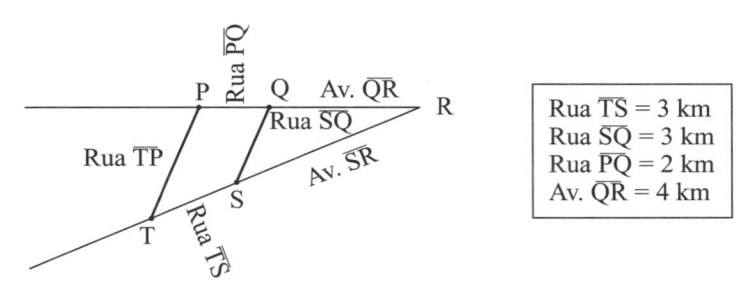

Rua $\overline{TS}$ = 3 km
Rua $\overline{SQ}$ = 3 km
Rua $\overline{PQ}$ = 2 km
Av. $\overline{QR}$ = 4 km

As ruas $\overline{TP}$ e $\overline{SQ}$ são paralelas. Partindo de S, cada corredor deve percorrer o circuito passando sucessivamente por R, Q, P, T e retornando, finalmente, a S. Assinale a opção que indica o perímetro do circuito:

a) 4,5 km   b) 19,5 km   c) 20,0 km   d) 22,5 km   e) 24,0 km

V02 (U.F. Santa Maria-RS) A figura mostra um triângulo retângulo ABC. O segmento de reta $\overline{AM}$ é a bissetriz do ângulo Â. Se $\overline{BM}$ mede 1 m e $\overline{AB}$ mede 3 m, então a medida, em m, de $\overline{MC}$ é:

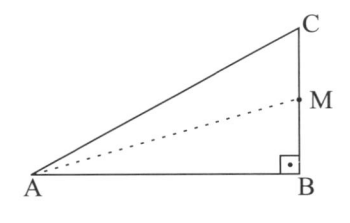

a) 1,32   b) 1,25   c) 1,18   d) 1,15   e) 1,00

V03 (UF-RS) Na figura ao lado $\overline{AB}$, $\overline{CD}$ e $\overline{EF}$ são paralelos, $\overline{AB}$ e $\overline{CD}$ medem, respectivamente, 10 cm e 5 cm.

O comprimento de $\overline{EF}$ é:

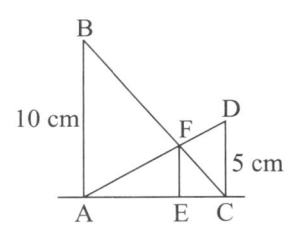

a) $\dfrac{5}{3}$ b) 2   c) 3

d) $\dfrac{10}{3}$ e) 4

V04 (VUNESP-SP) A sombra de um prédio, num terreno plano, a uma determinada hora do dia, mede 15 m. Nesse mesmo instante, próximo ao prédio, a sombra de um poste de altura 5 m mede 3

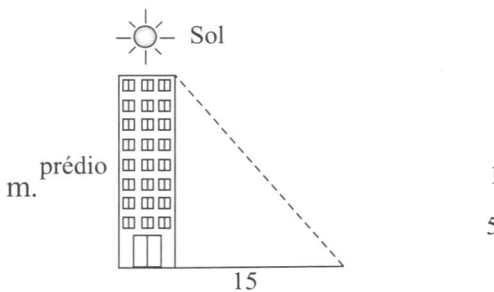

A altura do prédio, em metros, é:

a) 25   b) 29   c) 30   d) 45   e) 75

V05 (UF-MG) Em determinada hora do dia, o Sol projeta de um poste de iluminação sobre o piso plano de uma quadra do vôlei. Nesse instante, a sombra mede 16 m. Simultaneamente, um poste de 2,7 m, que sustenta a rede, tem sua sombra projetada sobre a mesma quadra. Nesse momento, essa sombra mede 4,8 m. A altura do poste de iluminação é de:

a) 8,0 m   b) 8,5 m   c) 9,0 m   d) 7,5 m

V06 (VUNESP-SP) Na figura, **B** é um ponto do segmento de reta $\overline{AC}$ e os ângulos $D\hat{A}B$, $D\hat{B}E$ e $B\hat{C}E$ são retos.

Se o segmento AD = 6 dm, o segmento AC = 11 dm e o segmento EC = 3 dm, as medidas possíveis de AB, em dm, são:

a) 4,5 e 6,5   b) 7,5 e 3,5   c) 8 e 3
d) 7 e 4   e) 9 e 2

V07 (UF-MG) Observe a figura.

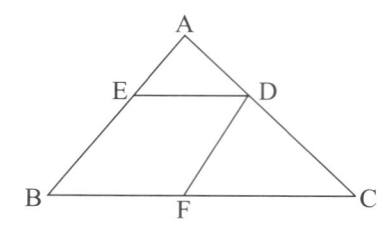

Nela, AB = 8, BC = 12 e BFDE é um losango inscrito no triângulo ABC. A medida do lado do losango é:

a) 4   b) 4,8   c) 5   d) 5,2

Geometria Plana - 9º ano   Testes de Vestibulares

V08 (FUVEST-SP) No triângulo acutângulo ABC e base $\overline{AB}$ mede 4 cm e a altura relativa a essa base também mede 4 cm. MNPQ é um retângulo cujos vértices **M** e **N** pertencem ao lado $\overline{AB}$, **P** pertence ao lado $\overline{BC}$ e **Q** ao lado $\overline{AC}$. O perímetro desse retângulo, em cm, é:

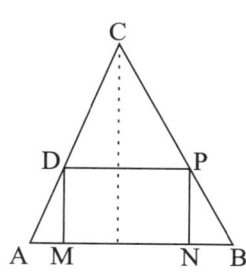

a) 4   b) 8   c) 12
d) 14   e) 16

V09 (FUVEST-SP) O triângulo ABC tem altura **h** e base **b** (ver figura). Nele, está inscrito o retângulo DEFG, cuja base é o dobro da altura. Nessas condições, a altura do retângulo, em função de **h** e **b**, é dada pela fórmula:

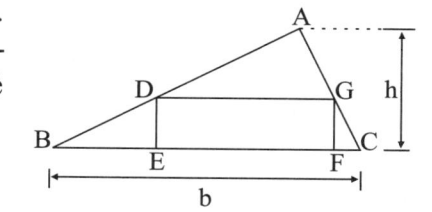

a) $\dfrac{bh}{h+b}$ b) $\dfrac{2bh}{h+b}$ c) $\dfrac{bh}{h+2b}$

d) $\dfrac{bh}{2h+b}$ e) $\dfrac{bh}{2(h+b)}$

V10 (UNIRIO-RJ) Observe os dois triângulos representados ao lado, onde os ângulos assinalados são congruentes. O perímetro do menor triângulo é:

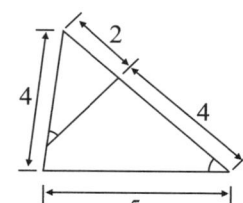

a) 3   b) $\dfrac{15}{4}$ c) 5

d) $\dfrac{15}{2}$ e) 15

V11 (UF-RN) Considerando-se as informações constantes no triângulo PQR (figura ao lado), pode-se concluir que a altura $\overline{PR}$ desse triângulo mede:

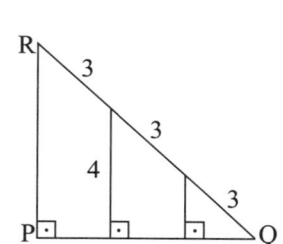

a) 5   b) 6   c) 7   d) 8

V12 (UF-CE) Na figura ao lado, os triângulos ABC e AB'C' são semelhantes. Se AC = 4 . AC' então o perímetro de AB'C' dividido pelo perímetro de ABC é igual a:

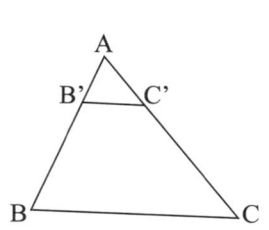

a) $\dfrac{1}{8}$ b) $\dfrac{1}{6}$ c) $\dfrac{1}{4}$ d) $\dfrac{1}{2}$ e) 1

V13 (UF-PI) O comprimento do maior lado de um triângulo de perímetro igual a 27 cm e semelhante a um triângulo de lados 4 cm, 6 cm e 8 cm é:

a) 10 cm   b) 11 cm   c) 12 cm   d) 13 cm   e) 14 cm

V14 (U.E. LONDRINA-PR) Na figura a seguir, são dados: ângulos AB̂C = ângulo ED̂C = 2,5 cm, AB = 6 cm, BC = 9 cm e AC = 12 cm. Se os triângulos da figura são semelhantes, o perímetro do triângulo EDC é, em centímetros:

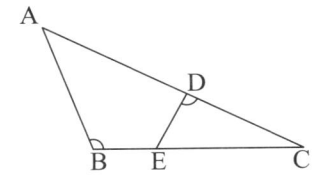

a) 11,25
b) 11,50
c) 11,75
d) 12,25
e) 12,50

V15 (PUCCAMP-SP) Os triângulos ABC e AED, representados na figura ao lado, são semelhantes, sendo o ângulo AD̂E congruentes ao ângulo AĈB. Se BC = = 16 cm, AC = 20 cm, AD = 10 cm e AE = 10,4 cm, o perímetro do quadrilátero BCED, em centímetros, é:

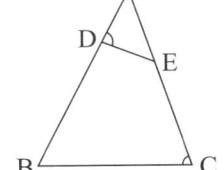

a) 32,6
b) 36,4
c) 40,8
d) 42,6
e) 44,4

V16 (UF-RS) Considere a figura abaixo. Se os retângulos ABCD e BCEF são semelhantes, e AD = 1, AF = 2 e FB = x, então x vale:

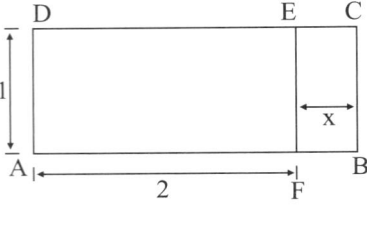

a) $-1 + \sqrt{2}$
b) 1
c) $\sqrt{2}$
d) $1 + \sqrt{2}$
e) 2

V17 (FUVEST-SP) Na figura abaixo, as distâncias dos pontos A e B à reta r valem 2 a 4. As projeções ortogonais de A e B sobre essa reta são os pontos C e D.

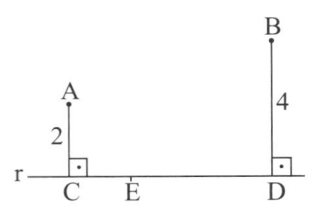

Se a medida de $\overline{CD}$ é 9, a que distância de C deverá estar o ponto E, do segmento $\overline{CD}$, para que CÊA = DÊB?

a) 3
b) 4
c) 5
d) 6
e) 7

V18 (UF-MG) Observe a figura abaixo. Nela, ABCD representa um quadrado de lado 11 e AP = AS = CR = CQ. O perímetro do quadrilátero PQRS é:

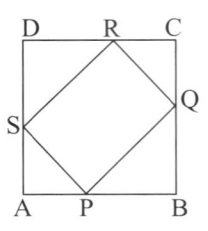

a) $11\sqrt{3}$
b) $22\sqrt{3}$
c) $11\sqrt{2}$
d) $22\sqrt{2}$

V19 (MACKENZIE-SP) A folha de papel retangular na figura 1 é dobrada como mostra a figura 2.

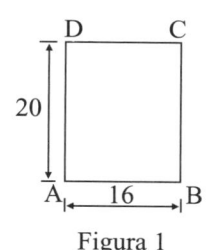

Figura 1

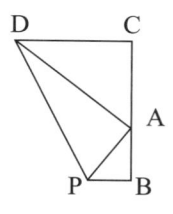

Figura 2

Então, o segmento $\overline{DP}$ mede:

a) $12\sqrt{5}$ b) $10\sqrt{5}$ c) $8\sqrt{5}$ d) 21 e) 25

V20 (UF-PI) Três cidades, **P**, **Q** e **R**, estão localizadas em um mapa formando um triângulo retângulo, cuja hipotenusa é $\overline{PR}$. A distância real entre **Q** e **R** é 3 km e a distância no mapa entre **P** e **Q** é 4 cm. Se a escala usada no mapa é 1 : 100 000, a distância real, em quilometros, entre **P** e **R** é:

a) 7 b) 6 c) 5 d) 4 e) 3

V21 (ITA-SP) Num trapézio retângulo circunscritível, a soma dos dois lados paralelos é igual a 18 cm e a diferença dos dois outros lados é igual a 2 cm. Se **r** é o raio da circunferência inscrita e **a** é o comprimento do menor lado do trapézio, então a soma a + r (em cm) é igual a:

a) 12 b) 11 c) 10 d) 9 e) 8

V22 (UF-CE) Na figura ao lado, temos dois triângulos equiláteros ABC e A'B'C' que possuem o mesmo baricentro, tais que $\overline{AB}//\overline{A'B'}$, $\overline{AC}//\overline{A'C'}$ e $\overline{BC}//\overline{B'C'}$. Se a medida dos lados de ABC é igual a $3\sqrt{3}$ cm e a distância entre os lados paralelos mede 2 cm, então a medida das alturas de A'B'C' é igual a:

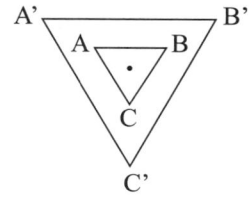

a) 11,5 cm b) 10,5 cm c) 9,5 cm
d) 8,5 cm e) 7,5 cm

V23 (FUVEST-SP) Na figura ao lado, os quadrados ABCD e EFGH têm, ambos, lado a e centro **O**. Se EP = 1, então **a** é:

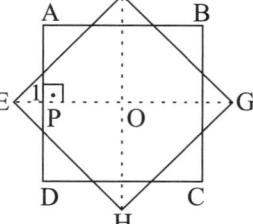

a) $\dfrac{\sqrt{2}}{\sqrt{2-1}}$ b) $\dfrac{2}{\sqrt{3}-1}$ c) $\dfrac{\sqrt{2}}{2}$

d) 2 e) $\dfrac{2}{\sqrt{2}-1}$

V24 (PUC-SP) A figura ao lado mostra a trajetória percorrida por uma pessoa para ir do ponto **X** ao ponto **Y**, caminhando em um terreno plano e sem obstáculos.
Se ela tivesse usado o caminho mais curto para ir de **X** a **Y**, teria percorrido:

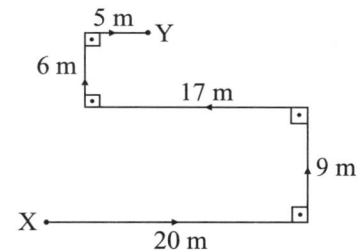

a) 15 cm b) 16 cm c) 17 cm
d) 18 cm e) 19 cm

V25 (UF-MG) Observe a figura ao lado.

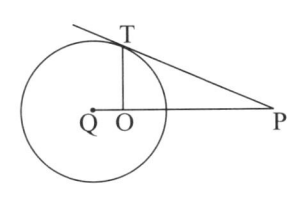

Nela o círculo tem centro **O** e raio 6 OP = 16. A reta $\overleftrightarrow{PT}$ é tangente ao círculo em **T** e o segmento $\overline{TQ}$ é perpendicular à reta OP. Assim sendo, o comprimento do segmento $\overline{QP}$ é:

a) 13,75 b) 13,85 c) 14,25 d) 14,5

V26 (MACKENZIE-SP) Por um ponto **P** que dista 10 do centro de uma circunferência de raio 6 traçam-se as tangentes à circunferência. Se os pontos de tangência são **A** e **B**, então a medida do segmento AB é igual a:

a) 9,6 b) 9,8 c) 8,6 d) 8,8 e) 10,5

V27 (UF-RN) Considere uma circunferência de raio R = 1 m e uma secante interceptando-a nos pontos **P** e **Q**. Admitindo que a distância da secante ao centro da circunferência meça 0,6 m, indique o comprimento da corda $\overline{PQ}$.

a) 1,6 m b) 1,2 m c) 0,8 m d) 0,16m

V28 (CESGRANRIO-RJ) Na figura ao lado, AB = 8 cm, BC = 10 cm, AD = 4 cm e o ponto **O** é o centro da circunferência. O perímetro do triângulo AOC mede, em cm:

a) 36 b) 45 c) 48
d) 50 e) 54

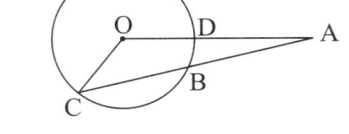

V29 (UF-RS) Seja a figura abaixo.
Sabendo-se que AD = 12 cm; AE = 15 cm e AB = 8 cm; pode-se afirmar que a medida do raio do círculo é:

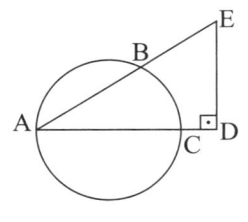

a) 4 cm b) 4,5 cm c) 5 d) 5,5 cm e) 6 cm

V30 (FUVEST-SP) Na figura abaixo, ABC é um triângulo isósceles e retângulo em **A** e PQRS é um quadrado de lado $\frac{2\sqrt{2}}{3}$. Então, a medida do lado AB é:

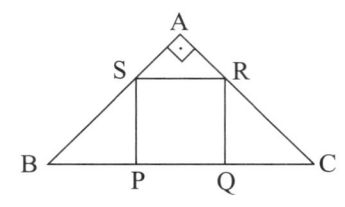

a) 1 b) 2 c) 3 d) 4 e) 5

V31 (U.E. LONDRINA-PR) O ponto **P d**ista 17 cm do centro de uma circunferência. Conduzindo-se por **P** um segmento de reta que é tangente à circunferência no ponto **T**, tem-se PT = 15 cm. A medida do raio dessa circunferência, em centímetros, é igual a:

a) 7   b) 8   c) 9   d) 10   e) 11

V32 (FATEC-SP) Na figura abaixo, o triângulo ABC é retângulo e isósceles e o retângulo nele inscrito tem lados que medem 4 cm e 2 cm. O perímetro do triângulo MBN é:

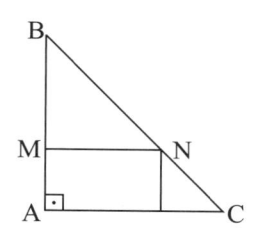

a) 8 cm   b) 12 cm   c) $(8 + \sqrt{2})$cm   d) $(8 + 2\sqrt{2})$cm   e) $4(2 + \sqrt{2})$cm

V33 (U.F. OURO PRETO-MG) O valor de **x** na figura ao lado, onde **b** é conhecido, é dado por:

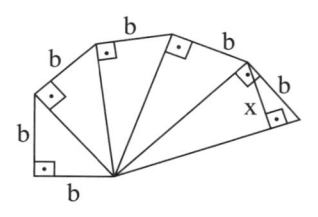

a) $b\sqrt{30}$ b) $b\sqrt{2}$ c) $\dfrac{b\sqrt{30}}{6}$ d) $2b$ e) $\dfrac{b\sqrt{5}}{6}$

V34 (PUC-RJ) A hipotenusa de um triângulo retângulo mede $2\sqrt{61}$. A diferença entre os comprimentos dos dois outros lados é 2. Então o menor lado tem comprimento.

a) $\sqrt{30}$ b) 7   c) 10   d) $5\sqrt{6}$ e) 11

V35 (UF-RS) Dada a figura ao lado, qual o valor de **x**?

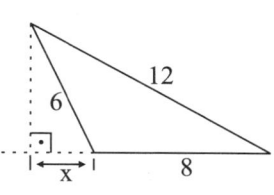

a) 2,15   b) 2,35   c) 2,75   d) 3,15   e) 3,35

V36 (UF-RN) Uma escada de 13,0 m de comprimento encontra-se com a extremidade superior apoiada na parede vertical de um edifício e a parte inferior apoiada no piso horizontal desse mesmo edifício, a uma distância de 5,0 cm da parede. Se o topo da escada deslizar 1,0 m para baixo, o valor que mais se aproxima de quanto a parte inferior escorregará é:

a) 1,0 m   b) 1,5 m   c) 2,0 m   d) 2,6 m

V37 (UF-PI) Sejam **A**, **B**, **C** e **D** os vértices de um retângulo cujos lados medem 3 cm e 4 cm. Seja **P** um ponto qualquer em umdos seus lados, distinto dos vértices. A soma, em centímetros, das distâncias de **P** às diagonais do retângulo é:

a) $\dfrac{12}{7}$ b) $\dfrac{2}{5}$ c) $\dfrac{13}{3}$ d) $\dfrac{12}{5}$ e) $\dfrac{7}{5}$

V38 (FEI-SP) Três circunferências de raio **r** estão dispostas no interior de outra circunferência de raio **R**, conforme a figura ao lado. Qual o valor da razão $K = \dfrac{R}{r}$?

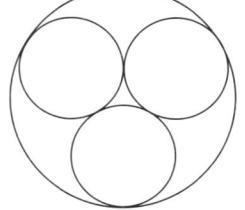

a) $\dfrac{2\sqrt{3}}{3}$
b) $\dfrac{1+2\sqrt{3}}{3}$
c) $\dfrac{2+2\sqrt{3}}{3}$
d) $\dfrac{3+2\sqrt{3}}{3}$
e) $\dfrac{1+3\sqrt{3}}{3}$

V39 (MACKENZIE-SP)

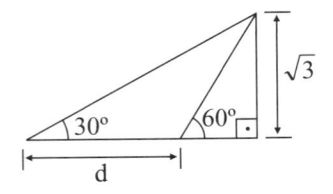

Na figura, acima, a distância **d** vale:

a) $\dfrac{5}{2}$
b) $\dfrac{\sqrt{3}}{2}$
c) $\dfrac{3}{2}$
d) 2
e) $\dfrac{3\sqrt{3}}{4}$

V40 (CEFET-PR) Calculando o valor de **x** na figura ao lado, obtém-se:

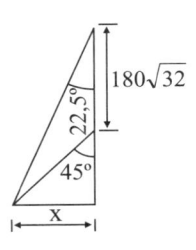

a) $720\sqrt{2}$
b) 720
c) $360\sqrt{2}$
d) 360
e) $180\sqrt{2}$

V41 (FUVEST-SP) Na figura abaixo, AD = 2 cm, AB = $\sqrt{3}$ cm, a medida do ângulo BÂC é 30° e BD = DC, onde **D** é ponto do lado $\overline{AC}$. A medida do lado $\overline{BC}$, em cm, é:

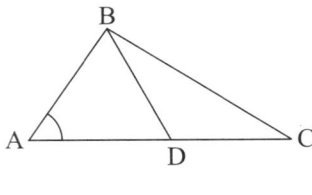

a) $\sqrt{3}$
b) 2
c) $\sqrt{5}$
d) $\sqrt{6}$
e) $\sqrt{7}$

V42 (UF-CE) Sejam α, β e θ os ângulos internos de um triângulo. Se as medidas desses ângulos são diretamente proporcionais a 1, 2 e 3, respectivamente, e a bissetriz do ângulo β mede duas unidades de comprimento (u.c.), a medida do perímetro desse triângulo é:

a) $3(\sqrt{3}+2)$ u.c.
b) $(\sqrt{3}+1)$ u.c.
c) $3\sqrt{3}$ u.c.
d) $3(\sqrt{3}+1)$ u.c.
e) $(3\sqrt{3}-1)$ u.c.

V43 (UF-MG) Observe a figura ao lado.

Nela, $\overline{AB}$ é um diâmetro do círculo de centro O e raio 2 o ângulo PÂB mede 15°. Nesse caso, a distância do ponto P à reta $\overleftrightarrow{AB}$ é de:

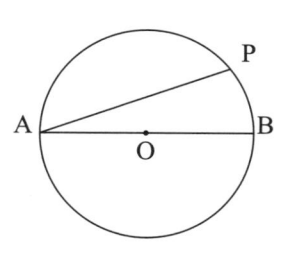

a)   b) 1   c) $\sqrt{2}$ d) $\sqrt{3}$

V44 (UF-ES) Três pontos, **A**, **B** e **C**, pertencem a uma circunferência de raio igual a 1. O segmento $\overline{AB}$ é um diâmetro e o ângulo AB̂C mede 15°. A medida da corda $\overline{BC}$ é:

a) $\sqrt{1+\sqrt{3}}$ b) $\sqrt{2+\sqrt{3}}$ c) $1+\dfrac{\sqrt{3}}{2}$ d) $2\sqrt{3-\sqrt{3}}$ e) 2

V45 (UNIFOR-CE) Na figura ao lado tem-se em um plano uma projeção da Terra na qual $\overline{CD}$ representa o paralelo de 60°, latitude norte, e $\overline{BC}$ é a linha do equador. Supondo-se que a Terra é uma esfera de raio R = 6400 km e considerando-se $\pi = 3{,}1$, o comprimento do paralelo $\overline{AB}$ é, em quilômetros:

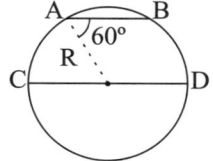

a) 19 840   b) 19 860   c) 20 240
d) 20 480   e) 20 840

V46 (UF-MG) Observe a figura abaixo.

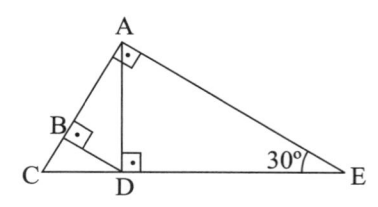

Se a medida de $\overline{CE}$ é 80, o comprimento de $\overline{BC}$ é:

a) 20   b) 10   c) 8   d) 5

V47 (U.F. VIÇOSA- MG) Na figura ao lado, os triângulos são retângulos, com hipotenusa comum $\overline{AC}$, sendo ABC um triângulo isósceles com catetos medindo 4 cm. Se o cateto $\overline{AD}$ do triângulo ADC mede 2 cm, então o valor de tg **x** é:

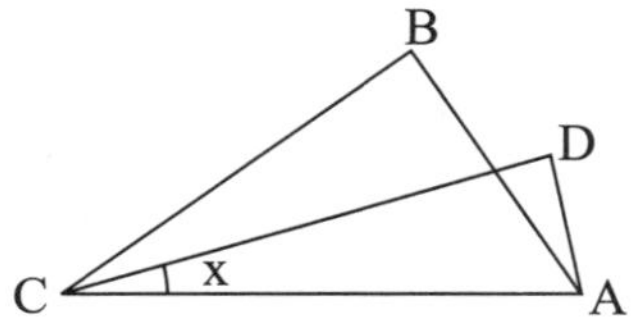

a) $\dfrac{\sqrt{7}}{4}$ b) $\sqrt{7}$ c) $\dfrac{\sqrt{7}}{2}$

d) $\dfrac{\sqrt{7}}{3}$ e) $\dfrac{\sqrt{7}}{7}$

V48 (PUC-MG) Na figura ao lado, o triângulo ABC é equilátero e está circunscrito ao círculo de centro **O** e raio 2 cm. $\overline{AD}$ é a altura do triângulo. Sendo **E** o ponto de tangência, a medida de $\overline{AE}$, em centímetro, é:

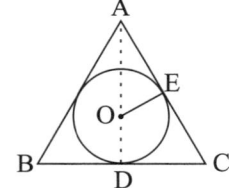

a) $2\sqrt{3}$ b) $2\sqrt{5}$ c) 3
d) 5   e) $\sqrt{26}$

V49 (PUC-RJ) Qual a razão entre os raios dos círculos circunscrito e inscrito de um triângulo equilátero de lado **a**?

a) 2 b) $\sqrt{3}$ c) $\sqrt{2}$ d) 3a e) $\sqrt{3a^2}$

V50 (UE-CE) A medida, em cm, da diagonal maior de um paralelogramo cujos lados medem 6 cm e 8 cm e o menor ângulo mede 60° é igual a:

a) $3\sqrt{37}$ b) $2\sqrt{37}$ c) $\sqrt{37}$ d) $\dfrac{\sqrt{37}}{2}$

V51 (FATEC-SP) Um terreno retangular tem 170 m de perímetro. Se a razão entre as medidas dos lados é 0,7, então a área desse terreno, em metros quadrados, é igual a:

a) 7 000 b) 5 670 c) 4 480 d) 1750 e) 1 120

V52 (PUC-RJ) Se um retângulo tem diagonal medindo 10 e lados cujas medidas somam 14, qual sua área?

a) 24 b) 32 c) 48 d) 54 e) 72

V53 (FAAP-SP) A largura e o comprimento de um terreno retangular estão na razão de 4 para 7. Admitindo-se que o perímetro desse terreno seja 66 m, a área (em m²) desse terreno é:

a) 250 b) 300 c) 252 d) 246 e) 268

V54 (MACKENZIE-SP) Num losango, a diagonal maior é o dobro da diagonal menor e a distância entre os lados paralelos é 4. A área desse losango é:

a) 12 b) 16 c) 18 d) 20 e) 24

V55 (U.F. VIÇOSA-MG) A figura abaixo ilustra um terreno em forma de trapézio, com as medidas, em quilômetros (km), de três de seus lados.

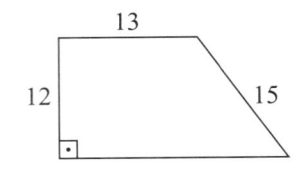

A área do terreno, em km², é igual a:

a) 215 b) 210 c) 200 d) 220 e) 205

V56 (VUNESP-SP) A área de um triângulo isósceles $4\sqrt{15}$ dm² e a altura desse triângulo, relativa à sua base, mede $2\sqrt{15}$ dm. O perímetro desse triângulo é igual a:

a) 16 dm b) 18 dm c) 20 dm d) 22 dm e) 23 dm

V57 (U.E.LONDRINA-PR) O tangram é um quebra-cabeça de origem chinesa. É formado por cinco triângulos retângulos isósceles (T_1, T_2, T_3, T_4 e T_5), um paralelogramo (**P**) e um quadrado (**Q**) que, juntos formam um quadrado, conforme a figura ao lado. Em relação às áreas das figuras, é correto afirmar:

a) Se a área de **Q** é 1, então a área do quadrado maior é 4.
b) A área de T_1 é o dobro da área de T_3.
c) A área de T_4 é igual à área de T_5.
d) A área de T_5 é um quarto da área do quadrado maior.
e) A área de **P** é igual à área de **Q**.

V58 (UF-MG) Nos triângulos isósceles T_1 e T_2, as bases medem, respectivamente, 30 cm e 40 cm, e os demais lados medem 25 cm. Sejam A_1 a área do triângulo T_1 e A_2 a área do triângulo T_2. A relação entre essas áreas é:

a) $A_1 = \dfrac{3A_2}{4}$ b) $A_1 = A_2$ c) $A_1 = \dfrac{4A_2}{3}$ d) $A_1 = \dfrac{A_2}{2}$

V59 (UF-RN) No triângulo PQR, representado na figura abaixo, o lado $\overline{PQ}$ mede 10 cm.

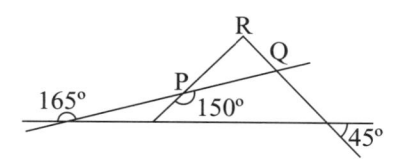

A área desse triângulo mede, em cm²:

a) $\dfrac{25\sqrt{3}}{2}$ b) $12\sqrt{3}$ c) $15\sqrt{2}$ d) $\dfrac{35\sqrt{2}}{2}$

V60 (UE-CE) Num triângulo ABC, AB = 3 cm, AC = 4 cm e sua área é 3 cm². Nessas condições, o ângulo Â é igual a:

a) 90° b) 60° c) 45° d) 30°

V61 (PUC-MG) Na figura ao lado, M é o ponto médio de $\overline{AB}$, e $\overline{MN}$ é paralelo a $\overline{AC}$. S_1 é a medida da área do triângulo MBN, e S_2, a do triângulo ABC. O valor de razão $\dfrac{S_1}{S_2}$ é:

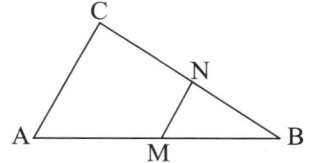

a) 1 b) $\dfrac{1}{2}$ c) $\dfrac{1}{3}$

d) $\dfrac{1}{4}$ e) $\dfrac{1}{5}$

V62 (U.E. LONDRINA-PR) Na figura ao lado, o triângulo ABC é equilátero, o triângulo ABD é retângulo em A e BC = CD.
Nessas condições, se S, S_1 e S_2 são, respectivamente, as áreas dos triângulos ABD, ABC e ACD, então:

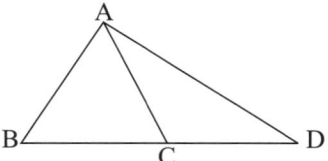

a) $S_2 = \dfrac{S}{3}$ b) $S_1 = \dfrac{2S}{3}$ c) $S_2 = \dfrac{S}{2}$

d) $S_1 = \dfrac{3S}{4}$ e) $S_2 = \dfrac{4S}{5}$

V63 (UF-ES) Num triângulo ABC, M é o ponto médio do lado $\overline{BC}$. Sabendo-se que AB = 4 cm, BC = 6 cm e AM = 3 cm, a área do triângulo ABC é:

a) $2\sqrt{2}$ cm² b) $3\sqrt{2}$ cm² c) 6 cm² d) $4\sqrt{5}$ cm² e) 9 cm²

V64 (MACKENZIE-SP) Na figura ao lado, ABC é um triângulo equilátero de perímetro 24. Se r e s são bissetrizes, então a área do triângulo assinalado é:

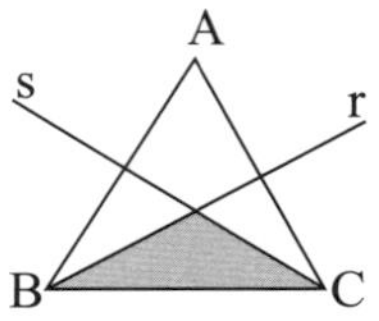

a) $\dfrac{16\sqrt{3}}{3}$ b) $8\sqrt{3}$ c) $16\sqrt{3}$

d) $\dfrac{8\sqrt{3}}{3}$ e) $12\sqrt{3}$

V65 (U.F. UBERLÂNDIA-MG) Considerando que na figura ao lado BC = 2 cm, a área do triângulo equilátero ABD é igual a:

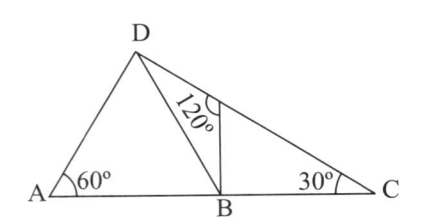

a) $\dfrac{\sqrt{3}}{3}$ cm²   b) $3\sqrt{3}$ cm²   c) $\sqrt{3}$ cm²   d) $\dfrac{\sqrt{3}}{2}$ cm²

V66 (FUVEST-SP) Considere o triângulo representado na malha pontilhada com quadrados de lados iguais a 1 cm.

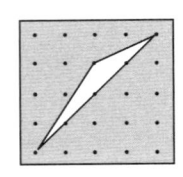

A área do triângulo, em cm², é:

a) 2   b) 3   c) 4   d) 5   e) 6

V67 (UF-RS) Na figura ao lado, AC = 5, BC = 6 e DE = 3. A área do triângulo ADE é:

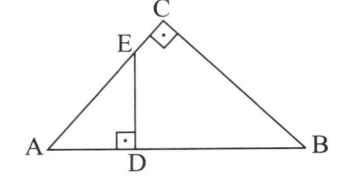

a) $\dfrac{15}{8}$ b) $\dfrac{15}{4}$ c) $\dfrac{15}{2}$

d) 10   e) 15

V68 (UF-RS) Os triângulos ABC e ABD ao lado são congruentes, e seus ângulos medem 30°, 60° e 90°. As hipotenusas desses triângulos medem 8 cm. A área sombreada comum aos dois triângulos é:

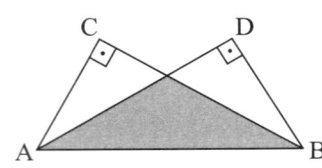

a) $\dfrac{1}{3}\sqrt{3}$ cm³   b) $\dfrac{2}{3}\sqrt{3}$ cm²   c) $\dfrac{4}{3}\sqrt{3}$ cm²   d) $\dfrac{8}{3}\sqrt{3}$ cm²   e) $\dfrac{16}{3}\sqrt{3}$ cm²

V69

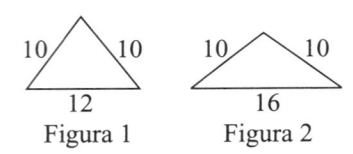

Figura 1   Figura 2

Sendo S_1 e S_2 as áreas das figuras I e II, respectivamente, podemos afirmar que:

a) $S_1 = S_2$ b) $S_1 = \dfrac{3S_2}{4}$ c) $S_1 = 3S_2$ d) $S_1 = 2S_2$ e) $S_1 = \dfrac{4S_1}{3}$

V70 (U.E. LONDRINA-PR) O hexágono ABCDEF da figura abaixo é equilátero com lados de 5 cm e seus ângulos internos de vértices **A**, **B**, **D**, **E** medem 135° cada um. A área desse hexágono, em centímetros quadrados, é igual a:

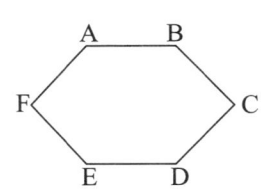

a) $\dfrac{25(\sqrt{2}+1)}{2}$ b) $\dfrac{75}{2}$ c) 50   d) $50\sqrt{2}$ e) $25(\sqrt{2}+1)$

V71 (CEFET-MG) Um quadrado é inscrito num hexágono regular, como na figura abaixo.

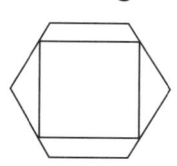

Se o lado do hexágono é de 2 cm, então a área do quadrado, em cm², é de:

a) $4(2\sqrt{3} - 3)$ b) $6(2 - \sqrt{3})$ c) $8(2 - \sqrt{3})$ d) $8(6 - \sqrt{3})$ e) $24(2 - \sqrt{3})$

V72 (U.F. UBERLÂNDIA-MG) Em um retângulo ABCD em que AB = 5 cm e BC = 3 cm, a diagonal $\overline{AC}$ é dividida em três segmentos de mesmo comprimento por pontos **E** e **F**. A área do triângulo BEF é igual a:

a) $\dfrac{\sqrt{34}}{2}$ cm² b) $\dfrac{\sqrt{34}}{3}$ cm² c) $\dfrac{5}{2}$ cm² d) $\dfrac{5}{4}$ cm²

V73 (UF-RS) Uma correia esticada passa em torno de três discos de 5 m de diâmetro, conforme a figura a seguir. Os ponto **A**, **B** e **C** representam os centros dos discos. A distância $\overline{AC}$ mede 26 m e a distância $\overline{BC}$ mede 10 m.

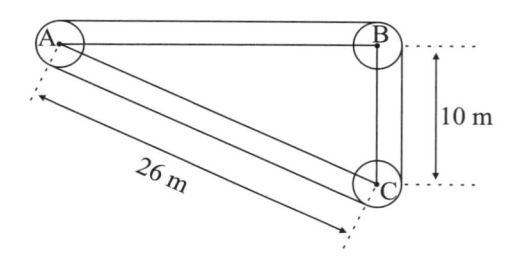

O comprimento da correia é:

a) 60 m b) $(60 + 5\pi)$ m c) 65 m d) $(60 + 10\pi)$ m e) 65π m

V75 (UFF-RJ) A razão entre o lado do quadrado inscrito e o lado do quadrado circunscrito em uma circunferência de raio **R** é:

a) $\dfrac{1}{3}$ b) $\dfrac{1}{2}$ c) $\dfrac{\sqrt{3}}{3}$ d) $\dfrac{\sqrt{2}}{2}$ e) $\sqrt{2}$

V76 (MACKENZIE-SP) O trapézio isósceles da figura ao lado tem um ângulo agudo de 60° e área $\dfrac{8\sqrt{3}}{3}$. Então o comprimento da circunferência inscrita no trapézio é:

a) 2π b) π c) $\dfrac{\pi}{2}$
d) 3π e) 4π

V77 (MACKENZIE-SP) Na figura, se a área do quadrilátero assinalado é $16\sqrt{3}$, então a distância do vértice **A** do hexágono regular à diagonal $\overline{BC}$:

a) 4,5 b) 5,0 c) 5,5
d) 6,0 e) 6,5

Geometria Plana - 9º ano

V78 (UF-ES) Um hexágono regular ABCDEF está inscrito em uma circunferência de raio **r**. Se **M** é o ponto médio de lado $\overline{AB}$, qual é a área do quadrilátero MBCD?

a) $\dfrac{\sqrt{3}r^2}{2}$ b) $\dfrac{\sqrt{3}r^2}{3}$ c) $\dfrac{\sqrt{2}r^2}{2}$ d) $\dfrac{2\sqrt{2}r^2}{3}$ e) $\dfrac{3\sqrt{2}r^2}{4}$

V79 (FUVEST-SP) Na figura, ABC é um triângulo retângulo de catetos AB = 4 e AC = 5. O segmento $\overline{DE}$ é paralelo a $\overline{AB}$, **F** é um ponto de $\overline{AB}$ e o segmento $\overline{CF}$ intercepta $\overline{DE}$ no ponto **G**, com CG = 4 e GF = 2. Assim, a área do triângulo CDE é:

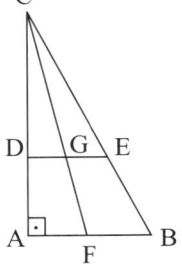

a) $\dfrac{16}{3}$ b) $\dfrac{35}{6}$ c) $\dfrac{39}{8}$

d) $\dfrac{40}{9}$ e) $\dfrac{70}{9}$

V80 (PUC-PR) A área do retângulo DEFB é:

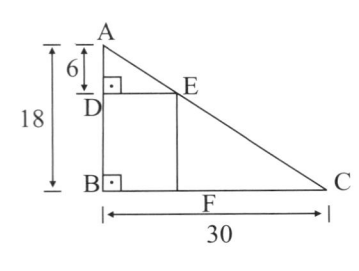

a) 24 b) 160 c) 120 d) 20 e) 180

V81 (CESGRANRIO-RJ) Os pontos **A**, **B** e **C** pertencem a uma circunferência de centro **O**. Sabe-se que BC = 5 cm, AC = 10 cm e que os pontos **A** e **B** são diametralmente opostos. A área do círculo determinado por essa circunferência, em cm², é igual a:

a) $\dfrac{125\pi}{8}$ b) $\dfrac{125\pi}{4}$ c) $\dfrac{125\pi}{2}$ d) 125π e) 250π

V82 (U.F. UBERLÂNDIA-MG) Considere a figura abaixo, em que os pontos **A**, **B**, **C**, **D**, **E**, **F**, **G** e **H** estão ligados por arcos que correspondem a quartos de circunferências.

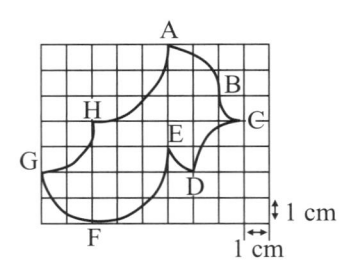

a) 24 cm² b) 25 cm² c) 23 cm² d) 26 cm²

V83 (FEI-SP) Um dos lados de um triângulo inscrito em uma circunferências coincide com um dos seus diâmetros. O perímetro do triângulo mede 30 cm e o diâmetro da circunferência mede 13 m. Quanto mede a área desse triângulo?

a) 10 cm² b) 30 cm² c) 60 cm² d) 20 cm² e) 15 cm²

V84 (MACKENZIE-SP) Na figura abaixo, supondo $\pi = 3$, a área do círuclo inscrito no triângulo isósceles é 108. Então, a área da região sombreada é:

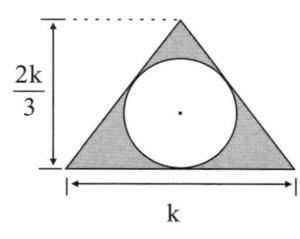

a) 72   b) 80   c) 84   d) 90   e) 96

V85 (FGV-SP) Um círculo de área 16π está inscrito em um quadrado. O perímetro do quadrado é igual a:

a) 32   b) 28   c) 24   d) 20   e) 16

V86 (MACKENZIE-SP) Na figura ao lado, a circunferência de centro **O** tem raio 2 e o triângulo ABC é equilátero.

Se $\overline{PQ}//\overline{BC}$, a área assinalada vale:

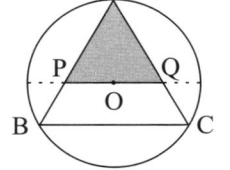

a) $\dfrac{4\sqrt{3}}{3}$ b) $\dfrac{2\sqrt{3}}{3}$ c) $\dfrac{3\sqrt{4}}{4}$

d) $\dfrac{\sqrt{3}}{3}$ e) $\dfrac{\sqrt{3}}{2}$

V87 (MACKENZIE-SP) Na figura abaixo, **A**, **B** e **C** são centros de circunferências iguais.

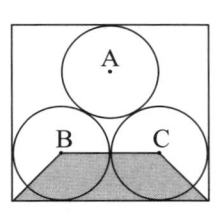

Se a área trapézio sombreado é 3, então a área do retângulo vale:

a) $4 + 4\sqrt{3}$ b) $8 + 4\sqrt{3}$ c) $8 + 8\sqrt{3}$ d) $4 + 8\sqrt{3}$ e) $8 + \sqrt{3}$

V88 (FUVEST-SP) Na figura abaixo estão representados um quadrado de lado 4, uma de suas diagonais e uma semicircunferências de raio 2. Então, a área da região sombreada é:

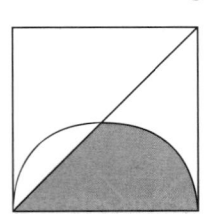

a) $\dfrac{\pi}{2} + 2$ b) $\pi + 2$ c) $\pi + 3$ d) $\pi + 4$ e) $2\pi + 1$

V89 (UF-RS) A altura de um triângulo equilátero numa circunferência é   . A razão entre a área desse triângulo e a área de um quadrado inscrito nessa mesma circunferência é:

a) $\dfrac{\sqrt{3}}{4}$ b) $\dfrac{3\sqrt{3}}{4}$ c) $\dfrac{3}{8}$ d) $\dfrac{\sqrt{3}}{8}$ e) $\dfrac{3\sqrt{3}}{8}$

V90 (PUC-MG) Na figura, abaixo do quadrado ABCD mede uma unidade. O arco $\widehat{BED}$ pertence à circunferência de centro em **A** e raio unitário; o arco $\widehat{BFD}$ pertence à circunferência de centro em **C** e raio unitário.

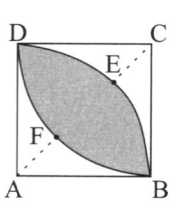

A medida da área da região sombreada é:

a) $\pi - 2$ b) $\dfrac{\pi - 2}{2}$ c) $\dfrac{\pi - 2}{3}$ d) $\dfrac{\pi - 2}{4}$

V91 (UF-AL) Na figura abaixo têm-se 4 semicírculos, dois a dois tangentes entre si e inscritos em um retângulo. Se o raio de cada semicírculo é 4 cm, a área da região sombreada, em centímetros quadrados, é: (Use $\pi = 3{,}1$)

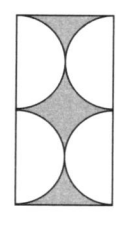

a) 24,8   b) 25,4   c) 26,2   d) 28,8   e) 32,4

V92 (U.E. LONDRINA-PR) Na figura, ABCD é um quadrado cujo lado mede **a**. Um dos arcos está contido na circunferência de centro **C** e raio **a**, e o outro é uma semicircunferência de centro no ponto médio de ____ e de diâmetro **a**. A área da região sombreada é:

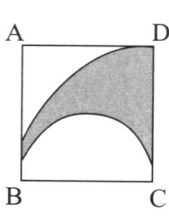

a) um quarto da área do círculo de raio a   b) um oitavo da área do círculo de raio a

c) o dobro da área do círculo de raio $\dfrac{a}{2}$ d) igual à área do círculo de raio $\dfrac{a}{2}$

e) a metade da área do quadrado

V93 (UF-MG) Observe a figura.
Nela, a circunferência maior **C** tem raio 2, e cada uma das circunferências menores, C_1, C_2, C_3, C_4, é tangentes a **C** e a um lado do quadrado inscrito. Os centros de C_1, C_2, C_3 e C_4 estão em diâmetros de **C** perpendiculares a lados do quadrado. A soma das áreas limitadas por essas quatro circunferências menores é:

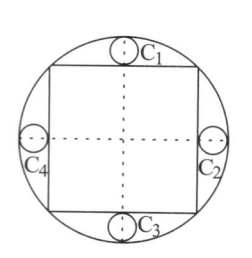

a) $8\pi(3 + 2\sqrt{2})$ b) $\pi(3 + 2\sqrt{2})$ c) $\pi(3 - 2\sqrt{2})$ d) $2\pi(3 - 2\sqrt{2})$

V94 (UF-MG) Na figura, o triângulo equilátero ABC está inscrito numa circunferência de raio 2.

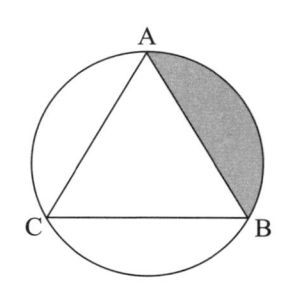

Então, a área da região sombreada é:

a) $\dfrac{4\pi - 3\sqrt{3}}{3}$
b) $\dfrac{2\pi - 3\sqrt{3}}{3}$
c) $\dfrac{3\pi - 4\sqrt{3}}{3}$
d) $\dfrac{3\pi - 2\sqrt{3}}{3}$

V95 (UF-RS) Na figura ao lado, $\overset{\frown}{ASB}$ é arco do círculo de raio 2 com centro na origem, e PQRS é quadrado de área 1.

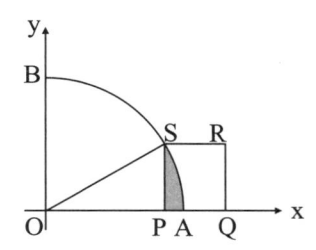

A área da região sombreada é:

a) $\dfrac{\sqrt{3}}{2} - \dfrac{\pi}{4}$
b) $\dfrac{\pi}{3} - \dfrac{\sqrt{3}}{2}$
c) $\sqrt{3} - \dfrac{\pi}{4}$
d) $\sqrt{3} - \dfrac{\pi}{3}$
e) $\dfrac{4\pi}{3} - \dfrac{\sqrt{3}}{2}$

V96 (ESPM-SP) Seja ABC um triângulo retângulo em A. Os semicírculos, externos ao triângulos ABC e com diâmetros $\overline{AB}$ e $\overline{AC}$, respectivamente, têm áreas cuja soma é 41π m². O quadrado externo ao triângulo ABC, e que tem $\overline{BC}$ como um dos seus lados, tem área igual a:

a) 328 m²
b) 162 m²
c) 100 m²
d) 81 m²
e) 41 m²

V97 (UF-SE) Na figura ao lado têm-se as circunferências C_1 e C_2, respectivamente inscrita e circunscrita a um hexágono regular.
Se o raio de C_2 é 3 cm, a área de C_1, em centímetros quadrados, é igual a:

a) $\dfrac{27\pi}{4}$
b) 6π
c) $\dfrac{21\pi}{4}$
d) $\dfrac{9\pi}{4}$
e) $\dfrac{15\pi}{4}$

V98 (UNIFOR-CE) Na figura ao lado tem-se um triângulo equilátero de lado 2 m e três circunferências cujos diâmetros são os três lados desse triângulo.
A área da região sombreada, em metros quadrados, é igual a:

a) $\dfrac{\pi + \sqrt{3}}{2}$
b) $\dfrac{\pi - \sqrt{3}}{2}$
c) $\dfrac{\pi\sqrt{3}}{2}$
d) $\dfrac{2\pi - \sqrt{3}}{2}$
e) $\pi - \sqrt{3}$

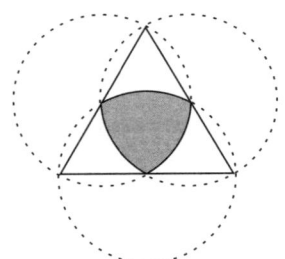

RESPOSTAS

01 b. $x^2 + 9x + 18$ c. $x^2 + 3x - 10$ d. $x^2 + 4x - 21$ e. $x^2 - 2x - 8$ f. $x^2 - 14x + 48$ g. $x^2 - 2x - 63$

02 a. $x^2 + 10x + 16$ b. $x^2 - 2x - 24$ c. $x^2 - 2x - 15$ d. $x^2 - 2x - 120$ e. $x^2 - 11x + 24$ f. $x^2 + 8x - 9$
g. $x^2 + x - 72$

03 b. $(x+4)(x-2)$ c. $(x-5)(x+3)$ d. $(x-6)(x+4)$ e. $(x+12)(x-2)$ f. $(x+10)(x-3)$ g. $(x-6)(x-3)$
h. $(x-16)(x-9)$ i. $(x-18)(x+8)$ j. $(x+2)(x+3)$ l. $(x-3)(x+2)$ m. $(x-9)(x+8)$

04 a. 6 b. 10 c. 6 d. 21 e. 6 f. 4
g. 12 h. $x=6, y=4$ i. $x=6, y=15$

05 a. 3 b. 4 c. 6 d. 4 e. 2 f. 10 ou 6
g. 4 h. 12 i. 1

06 a. $x=4, y=5$ b. $x=12, y=18, z=12, w=6, t=18$ c. $x=3, y=5$

07 a. 3 b. 8 c. 6 d. $\dfrac{3}{2}$ e. 2 f. 14
g. $x=10, y=12$ h. $x=20, y=25$

08 a. 16 b. 9 c. 6 d. 6 e. 7 f. 24

09 a. 4 b. $x=5, y=6$ c. $x=4, y=8$ d. $x=8, y=6$ e. 20 f. 2 g. 5 h. 4

10 a. $x=4, y=8$ b. $x=y=8$ c. $x=9, y=7$ d. 9 e. 5 **11** a. 10 b. 6

12 a. 12 b. 9 **13** $x=5, y=7$ **14** 49 **15** 192 cm² **16** $\dfrac{9}{4}$

17 a. 2 b. 6 c. 4 **18** 12 **19** 3 **20** 336

21 a. 6 b. 12 **22** $x^2 = y \cdot z$ ou $x = \sqrt{y \cdot z}$ **23** 24 **24** 12 cm

25 2 cm **26** 3 cm **27** 16 cm **28** EG = 15 cm, EF = 25 cm **29** $x=4, y=4\sqrt{3}$

30 $x=3, y=6$ **31** 15 cm **32** 12 **33** $x = \dfrac{ab}{a+b}$ **34** 20

35 a. 12 b. 4 c. 27 d. $x=18, y=12\sqrt{3}$ e. $\dfrac{1}{2}$
f. $x=20, y=\dfrac{36}{5}, z=\dfrac{48}{5}$ g. $x=32, y=8$ h. $x=\dfrac{24}{5}, y=8$ i. $x=12, z=9, y=16$

36 a. $x=4, y=2\sqrt{3}$ b. $x=13, y=\dfrac{60}{13}$ c. $x=4, y=\dfrac{12}{5}$
d. 24 e. $x=8, y=4\sqrt{3}$ f. $x=3, y=6\sqrt{3}, z=3\sqrt{3}$
g. $x=12, y=6, z=3\sqrt{5}$ h. $x=3, y=3\sqrt{13}$ i. $x=16, y=8$

37 a. 3 b. 25 c. 8 d. 5 e. $3\sqrt{3}$ f. 16
g. 17 h. 40 i. 4 j. 8 l. 4 m. 6

38 a. 30 b. 8 c. 10 d. 7 e. 6 f. 1
g. $\sqrt{3}$ h. 50 i. 10 **39** a. 24 b. 4 c. 15
d. 18 e. 4 f. 15 g. 6 h. 6 i. 18

40 a. 8 b. 8 c. 24 **41** a. 24 b. 27 c. 16 cm

42 a. 16 b. 10 c. 1 **43** a. 24 cm b. 10 cm c. 6 cm

| 44 | a. 12 m | b. $\frac{24}{5}$ m | c. $\frac{120}{13}$ | d. $\frac{120}{17}$ | 45 | 48 cm | 46 | 2 cm |

| 47 | 16 cm | 48 | 24 cm | 49 | 4 cm | 50 | 5 m | 51 | 12 cm | 52 | 8 |

| 53 | a) 20 | b) $\frac{40}{9}$ | 54 | a. $x = 12$, $y = 18$, $z = 36$ | b. 3 | c. 3 | d. 4 |

e. 11 f. 14 g. $\frac{14}{3}$ h. 11 i. 3 j. 7 l. 6

m. 1 n. 25 o. 12 p. 24 q. $5\sqrt{17}$ r. 12

| 55 | Seno α, cos α e tg α são respectivamente (em cada caso):

a. $\frac{3}{5}, \frac{4}{5}, \frac{3}{4}$ b. $\frac{12}{13}, \frac{5}{13}, \frac{12}{5}$ c. $\frac{5}{13}, \frac{12}{13}, \frac{5}{12}$ d. $\frac{8}{17}, \frac{15}{17}, \frac{8}{15}$ e. $\frac{4}{5}, \frac{3}{5}, \frac{4}{3}$ f. $\frac{9}{41}, \frac{40}{41}, \frac{9}{40}$

| 56 | a. 12 | b. $2\sqrt{7}$ | c. $\frac{5\sqrt{7}}{2}$ | 57 | a. $\frac{25}{2}$ | b. $\frac{6\sqrt{11}}{5}$ | c. $\frac{60\sqrt{11}}{11}$ |

| 58 | a. 8 | b. $\frac{6\sqrt{65}}{7}$ | c. $\frac{48\sqrt{65}}{65}$ | 59 | a. $x = 4$, $y = 4\sqrt{3}$ b. $x = 2\sqrt{2}$, $y = 2$

c. $x = 12$, $y = 6\sqrt{3}$ d. $x = 4$, $y = 8$ e. $x = 4$, $y = 2$ f. $x = y = 6$ g. $x = y = 6\sqrt{2}$

h. $x = 3\sqrt{2}$, $y = 6$, $z = 2\sqrt{3}$, $w = 4\sqrt{3}$ i. $x = 6\sqrt{2}$, $y = 12$, $z = 6\sqrt{3} - 6$ j. $x = 6$, $y = 4\sqrt{3}$

l. $x = 6$, $y = 3\sqrt{3}$, $z = 3$, $w = 9$ m. $x = 6$, $y = 18$, $z = 6\sqrt{3}$, $w = 12\sqrt{3}$

| 60 | a. $x = 3$, $y = 4$ b. $x = 6$, $y = 8$ c. $x = 8$, $y = 4\sqrt{3}$

d. $x = 6\sqrt{3}$, $y = 16\sqrt{3}$ e. $x = 5\sqrt{2}$, $y = 7\sqrt{3} + 5$ f. $x = 16$, $y = 12 + 8\sqrt{3}$

61	a. 18 m²	b. 24 m²	c. 60 m²	d. 30 m²	e. 54 m²	f. 39 m²
	g. 18 m²	h. 10 m²	i. 30 m²	j. 91 m²	l. 22 m²	m. 360 m²
62	a. 60 m²	b. 14 m²	c. 15 m²	d. 66 m²	e. 39 m²	f. 156 m²
	g. 150 m²	h. 36 m² ou 9 m²	i. $9\sqrt{3}$ m²	j. $4\sqrt{3}$ m²	l. 32 m²	m. 240 m²
63	a. 289 m²	b. 32 m²	c. 192 m²	d. 126 m²	e. 48 m²	f. 184 m²
	g. 90 m²	h. 35 m²	i. 30 m²	j. 54 m²	l. 18 m²	m. 50 m²
64	a. 8 m	b. 6 m	c. 2m	d. 5 m	e. 4 m	f. 10 m
	g. 5 m	h. 3 m	i. 4 m	j. 1 m	l. 3m	m. 6 m
65	a. 204 m²	b. 102 m²	c. 300 m²	d. 156 m²	e. 116 m²	f. 92 m²
66	a. $8\sqrt{3}$ m²	b. 18 m²	c. $18\sqrt{3}$ m²	d. $2\sqrt{3}$ m²	e. $48\sqrt{3}$ m²	f. $24\sqrt{2}$ m²
	g. 27 m²	h. $65\sqrt{3}$ m²	i. $42\sqrt{3}$ m²	j. 88 m²	l. $36\sqrt{3}$ m²	m. $40\sqrt{3}$ m²

| 67 | $48\sqrt{3}$ m² | 68 | a. 3 m b. 8 m | 69 | a. $80\sqrt{3}$ m² b. 99 m² |

70	a. $4(3\sqrt{5} + 5)$ m²	b. $64\sqrt{3}$ m²	c. 36 m²	d. $88\sqrt{3}$ m²
71	a. 24 m²	b. 44 m²	c. 36 m²	d. 8 m²	e. 5 m²	f. 7 m²
	g. 14 m²	72	16 m²	73	12 m, 3 m	74	16 m	75	360 m²	76	48 m²

| 77 | 64 m | 78 | 840 m² | 79 | 240 m² | 80 | $50\sqrt{3}$ m² | 81 | 24 m² | 82 | 81 m² |

Geometria Plana - 9º ano   Respostas

| 83 | 150 m^2 | 84 | 216 m^2 | 85 | $18\sqrt{3} \text{ m}^2$ | 86 | $32\sqrt{3} \text{ m}^2$ | 87 | 420 m^2 | 88 | 81 m^2 |

89 20 m 90 96 m^2 91 a. $\sqrt{21} \text{ m}$ b. 4 m ou 2 m c. $2\sqrt{3} \text{ m}$ d. 5 m ou 1 m

e. 4 m f. $\sqrt{13} \text{ m}$ 92 a. $60°$ b. $120°$ 93 $\dfrac{2\sqrt{21}}{3} \text{ m}$

94 $2\sqrt{7} \text{ m}$ e $2\sqrt{19} \text{ m}$ 95 a. $6\sqrt{6} \text{ m}$ b. $5\sqrt{2} \text{ m}$ c. 9 m d. 8 m

e. 5 m f. $7\sqrt{2} \text{ m}$ 96 a. $105°$ b. $75°$ 97 a. $60°$ b. $135°$

98 $x = 4$, $y = 2\sqrt{3} - 2$ 99 a. 15 b. 2 100 a. $x = 8$, $y = 6$ b. $x = 3$, $y = 4$

101 a. $x = 4$, $y = 3$ b. $x = 6$, $y = 8$ 102 $2{,}5 \text{ cm}$ 103 $\sqrt{14} \text{ cm}$

104 a. $\ell_6 = R$ b. $\ell_4 = R\sqrt{2}$ c. $\ell_3 = R\sqrt{3}$

105 a. $a_6 = \dfrac{R\sqrt{3}}{2}$ b. $a_4 = \dfrac{R\sqrt{2}}{2}$ c. $a_3 = \dfrac{R}{2}$

106 a. 6 m b. $6\sqrt{2} \text{ m}$ c. $6\sqrt{3} \text{ m}$ 107 a. 6 m b. $3\sqrt{2} \text{ m}$ c. $2\sqrt{3} \text{ m}$

108 a. $6\sqrt{3} \text{ m}$ b. $6\sqrt{2} \text{ m}$ c. 6 m 109 a. $8\sqrt{3} \text{ m}$ b. $12\sqrt{2} \text{ m}$ c. 24 m

110 a. $4\sqrt{3} \text{ m}$ b. 12 m c. $12\sqrt{3} \text{ m}$ 111 a. $9\sqrt{3} \text{ m}$ b. 9 m c. $3\sqrt{3} \text{ m}$

112 a. $20\pi \text{ cm}$ b. $40\pi \text{ cm}$ c. $18\pi \text{ cm}$ 113 a. $4\pi \text{ cm}$ b. $4\pi \text{ cm}$ c. $6\pi \text{ cm}$

114 $10\pi \text{ m}$ 115 $6\pi \text{ m}$ 116 a. $27\pi \text{ cm}^2$ b. $14\pi \text{ cm}^2$ c. 80π

117 a. 15 cm^2 b. 217 cm^2 c. $120\pi \text{ cm}^2$ 118 a. $27(2\pi - 3\sqrt{3}) \text{ m}^2$ b. $8(\pi - 2) \text{ m}^2$

c. $4(4\pi - 3\sqrt{3}) \text{ m}^2$ d. $32(\pi - 2\sqrt{2}) \text{ m}^2$ 119 a. $24\pi \text{ m}^2$ b. $64\pi \text{ cm}^2$

120 a. $6(2\sqrt{3} - \pi) \text{ m}^2$ b. $9 \cdot \left(\dfrac{4-\pi}{4}\right) \text{ m}^2$ c. $(3\sqrt{3} - \pi) \text{ m}^2$ d. $4(6-\pi) \text{ m}^2$

121 a. $4(4-\pi) \text{ m}^2$ b. $4(4-\pi) \text{ m}^2$ c. $16(\pi-2) \text{ m}^2$ d. $72(\pi-2) \text{ m}^2$ e. $16(4-\pi) \text{ m}^2$

f. $16(4-\pi) \text{ m}^2$ 122 $18(2\sqrt{3} - \pi) \text{ m}^2$ 123 $4(2\pi + 3\sqrt{3}) \text{ m}^2$

124 $18(13\pi - 8\sqrt{3}) \text{ m}^2$ 125 $18(2\sqrt{3} - \pi) \text{ m}^2$ 126 $6(25 - 6\pi) \text{ m}^2$

127 $6(5\sqrt{3} - 2\pi) \text{ m}^2$ 128 $2(4\pi - 3\sqrt{3}) \text{ cm}^2$ 129 $54\pi \text{ m}^2$

130 $6\pi \text{ cm}^2$ 131 $(2\pi - 3\sqrt{3}) \text{ m}^2$ 132 $3(4\pi - 3\sqrt{3}) \text{ m}^2$

133 $6(5\sqrt{3} - 2\pi) \text{ m}^2$ 134 $20\sqrt{3} \text{ cm}^2$ 135 24 136 $8\pi \text{ m}^2$

137 $144\pi \text{ m}^2$ 138 $12\pi(7 - 4\sqrt{3}) \text{ m}^2$ 139 $90(\pi - 2) \text{ m}^2$

140 48 cm^2 141 180 cm^2 142 84 cm^2 143 24 cm^2 144 48 cm^2 145 50 cm^2

146 $36\sqrt{3} \text{ cm}^2$ 147 $196\pi \text{ cm}^2$ 148 $26\pi \text{ cm}$ 149 2 cm 150 $8(4-\pi) \text{ cm}^2$

151 $3(20 - 3\pi) \text{ cm}^2$ 152 72 cm^2 153 $3\pi \text{ cm}^2$ 154 $576\pi \text{ cm}^2$ 155 $54\sqrt{3} \text{ cm}^2$

156 $81\pi \text{ cm}^2$ 157 $36\pi \text{ cm}^2$ 158 $6(6\sqrt{3} - \pi) \text{ cm}^2$ 159 $\dfrac{9(2\sqrt{3} - \pi)}{2} \text{ cm}^2$

Geometria Plana - 9º ano

160 12π cm	161 25π cm²	162 $6(4\pi - 3\sqrt{3})$ cm²	163 $18(3\sqrt{3} + 2\pi)$ cm²
164 $3(2\pi + 3\sqrt{3})$ cm²	165 π cm²	166 $4\sqrt{6}$ cm	167 35 cm²
168 24 cm²	169 13 cm		

Gabarito dos Testes de Vestibulares

V01	B	V02	B	V03	D	V04	A	V05	C	V06	E	V07	B	V08	B	V09	D	V10	D	V11	B
V12	C	V13	C	V14	A	V15	E	V16	A	V17	A	V18	D	V19	B	V20	C	V21	C	V22	B
V23	E	V24	C	V25	A	V26	A	V27	A	V28	E	V29	C	V30	B	V31	B	V32	E	V33	C
V34	C	V35	C	V36	C	V37	D	V38	D	V39	D	V40	B	V41	A	V42	D	V43	B	V44	B
V45	A	V46	B	V47	E	V48	A	V49	A	V50	B	V51	D	V52	C	V53	C	V54	D	V55	B
V56	C	V57	E	V58	B	V59	A	V60	D	V61	D	V62	C	V63	D	V64	A	V65	C	V66	A
V67	B	V68	E	V69	A	V70	E	V71	E	V72	C	V73	B	V74	D	V75	D	V76	A	V77	D
V78	A	V79	D	V80	C	V81	B	V82	A	V83	B	V84	C	V85	A	V86	A	V87	B	V88	B
V89	E	V90	B	V91	D	V92	B	V93	D	V94	A	V95	B	V96	B	V97	A	V98	B		